历史的丰碑丛书

文学艺术家卷

# 无产阶级文学的开路人
# 高尔基

王俊秋　张福贵　编著

吉林人民出版社

**图书在版编目(CIP)数据**

无产阶级文学的开路人——高尔基 / 王俊秋 , 张福
贵编著 .-- 长春 : 吉林人民出版社 , 2011.4 ( 2021.8 重印 )
（历史的丰碑丛书）

ISBN 978-7-206-07630-5

Ⅰ . ①无… Ⅱ . ①王… ②张… Ⅲ . ①高尔基，M.
（ 1868 ~ 1936 ）—生平事迹—青年读物②高尔基，
M.（ 1868 ~ 1936 ）—生平事迹—少年读物 Ⅳ .
① K835.125.6-49

中国版本图书馆 CIP 数据核字 (2011) 第 037462 号

## 无产阶级文学的开路人　高尔基

WUCHAN JIEJI WENXUE DE KAILUREN　GAOERJI

编　　著:王俊秋　张福贵
责任编辑:郭雪飞　　　　封面设计:孙浩瀚
制　　作:吉林人民出版社图文设计印务中心
吉林人民出版社出版 发行(长春市人民大街7548号　邮政编码:130022)
印　刷:北京一鑫印务有限责任公司
开　本:787mm×1092mm　　1/16
印　张:8　　　　字　数:72千字
标准书号:ISBN 978-7-206-07630-5
版　次:2011年4月第1版　　印　次:2021年8月第2次印刷
定　价:35.00 元

# 编者的话

"欲知大道，必先为史"。

回溯人类的足迹，人们首先看到的总是那些在其各自背景和时点上标志着社会高度和进步里程的伟大人物。他们是历史的丰碑，是后世之鉴。

黑格尔说："无疑，一个时代的杰出个人是特性，一般说来，就反映了这个时代的总的精神。"普希金说："跟随伟大人物的思想是一门引人入胜的科学。"

以史为鉴，面向未来。作为21世纪的继往开来者，我们觉得，在知史基础上具有宽广的知识结构、开阔的胸襟和敏锐的洞察力应是首要的素质要求，而在历史的大背景中追寻丰碑人物的思想、风范和足迹，应是知史的捷径。

考虑到现代人时间的宝贵，我们期盼以尽量精短的篇幅容纳尽量丰富的信息，展现尽量宏大的历史画卷和历史规律。为此，我们编撰了这套丛书。

编撰丛书的过程，也是纵览历代风云、伴随伟人心路、吸收历史营养的过程。沉心于书页，我们随处感受着各历史时期伟大人物所体现的推动历史进步的人类征服力量。我们随着伟人命运及事业的坎坷与辉煌而悲喜，为他们思想的深邃精湛、行为的大气脱俗而会意感慨、拍案叫绝。

然而，在思想开始远游和精神获得享受的同时，我们也随之感受到历史脚步的沉重和历史过程的曲折。社会每前进一步都是艰难的，都伴随着巨大的痛苦和付出。历史的伟大在于它最终走向进步，最终在血污中诞生了鲜活的"婴孩"。

历史有继承性和局限性，不能凭空创造。伟人也有血肉，他们的思想、行为因此注定了同样具有历史的局限性和阶级的、时代的烙印；他们的功业建立于千千万万广大人民群众伟大创造的基础上。历史是人民群众创造的，伟大的人物们是历史和时代造就的。同时，我们也无法否定此间他们个人的努力。这也正是我们编撰这套丛书的目的。

我们期盼着这套丛书得到社会的认同，对读者，特别是青少年读者之历史感、成就感和使命感的培养有所裨益。史海浩瀚，群星璀璨。我们以对广大青少年读者负责的精神，精心遴选，以助力青少年成长进步，集结出版了《历史的丰碑》系列丛书，敬请读者批评、指正。

历)史)的)丰碑(丛)书)

# 编 委 会

巨星陨落，丰碑长存。阿列克赛·马克西莫维奇·高尔基，天才的文学大师，世界无产阶级文学的奠基人，列宁称之为"无产阶级艺术的最杰出代表"。

　　自19世纪末步入文坛，他走过了40多年的创作里程。这一时期正是俄罗斯民族在痛苦中走向新生的历史时代，高尔基以其独特的视角和势不可挡的锐气创作了大量的优秀作品，再现了当时的历史画卷和各阶层人物的风貌。

　　他来自社会最底层，只读了二年小学，但他却执著地与命运抗争，最后终于脱颖而出，带着无产者的苦痛和期望、追求和使命走上俄国文坛。在20世纪文学史上，他是一位"筚路蓝缕，以启山林"的伟大先驱，又是一位联结传统和当代的文学巨人。他的一生闪烁着奋斗进取的光辉，堪为人之楷模。

# 目　录

历史的丰碑丛书

# 苦涩的童年

人们在世界上完成了多少丰功伟业，并为此经受了令人难以置信的苦难。

——高尔基

在幽暗的小屋里，我父亲躺在窗下地板上，他穿着白衣裳，身子伸得老长老长的；他的光脚板的脚趾头奇怪地张开着，一双可亲的手安静地放在胸脯上，手指也是弯的；他那一对快乐的眼睛紧紧地闭住，像两枚圆圆的黑铜钱，他和善的面孔发黑，难看地呲着牙吓唬我。

母亲跪在那里，上身没穿衣裳，下半身围着红裙子。她用那把我爱用来锯西瓜皮的小黑梳子把父亲又长又软的头发从前额梳到后脑勺；母亲老是自言自语、声音粗重而且沙哑，她的灰色眼睛肿得仿佛要融化似的，大滴大滴的泪水直往下滚。

"跟爸爸告别吧孩子，你再也看不见他

了，亲爱的孩子，他不到年纪，不到时候就死

了……"外祖母牵着高尔基的手对他说。

这是高尔基《童年》开篇的一段。他就这样失去了

父亲，艰难地开始了人生的旅程，那时他刚刚4岁。

←高尔基

→ 下诺夫戈罗德

　　阿列克赛·马克西莫维奇·彼什科夫（即马克西姆·高尔基）1868年3月16日出生于下诺夫戈罗德。他的父亲马克西姆·萨马季耶维奇·彼什科夫是伏尔加轮船公司作坊的一个细木工匠，他聪明、善良、乐观，但英年早逝。母亲瓦尔瓦拉·瓦西里耶夫娜·卡希琳娜，瘦高的个子，少言寡语，但却是一位极富个性的女性。高尔基模模糊糊地记得很小的时候父母亲那种和谐的关系，它和外祖父家的那种你争我斗的生活形成了鲜明的对比。"他们说话也两样，娱乐也两样，他们不论是走路或者坐着总是肩并肩，紧紧偎靠着。晚上，他们常常笑得很久，坐在窗户旁大声地唱歌；街上的人都围拢来看他们"。只是这种生活太短暂了。彼什科夫去世后，

← 俄罗斯帝国建筑

高尔基不得不随母亲寄居到外祖父家。

外祖父瓦西里耶维奇·卡希林是个开染坊的业主，是一个吝啬、贪婪、粗暴偶尔露温情的老头。发达的

时候曾做过当地印染业行会的会长。两个舅舅都是极端自私而又阴险的人。当时，由于机器印染业的普及，使传统的家庭手工业受到了巨大的冲击和威胁。这使

→沙皇俄国建筑

← 下诺夫戈罗德

卡希林家的每一个成员都有一种末日将至的危机感，都千方百计地拼命想为自己多保留一些一度兴隆的作坊的剩余产品。于是，也就常常因此而引发许多争吵和野蛮的斗殴。他们不希望别的人特别是有能力的人在这个家庭驻足。因此，曾在一个黑夜里把高尔基的父亲偷偷地推进了冰窟窿，企图把他淹死。他们还先后用残酷的手段迫害死了自己的媳妇。可以想象，高尔基和母亲回到这样的家庭，将会受到什么样的待遇。高尔基的母亲忍受不了这样的家庭生活，抛下幼小的高尔基独自外出闯荡去了，她很少回家，偶尔回来也总是少言寡语的。残酷的生活使她变得冷漠，甚至有些不近人情，因此，高尔基不大喜欢她，只是觉着她

→下诺夫戈罗德

可怜。

在这个家里，唯一让高尔基信赖、给他爱、给他带来光明的是外祖母阿库琳娜·伊凡诺夫娜·卡希琳娜。高尔基在其作品中无数次充满爱意地谈到她：

> 她说话好像在用心地唱歌，字字句句都像鲜花那样温柔、鲜艳和丰润，一下子就牢牢地打进我的记忆里。

> 通过她的眼睛，从她内心射出一种永不熄灭的、快乐的、温暖的光芒。

> 在她没来以前，我仿佛是躲在黑暗中睡

觉，但她一出现，就把我叫醒了，把我领到光明的地方，用一根不断的线把一切联结起来，结成五光十色的花边，她马上成为我最知心的人，成为我最了解，最珍贵的人——是她那对世界无私的爱丰富了我，使我充满了坚强的力量，以应付困苦的生活。

外祖母年轻时曾在巴拉赫纳做过织花边的女工。同花边一样享有盛名的是当地的古老民歌。在外祖母的记忆深处，保留了丰富的民歌和故事。这些动人心弦的民间艺术有的描写农奴的苦难与善良，有的控诉皇朝对人民的盘剥压迫，有的歌颂了理想的英雄。每个孩子都有自己的童年和外祖母，而外祖母们则有着不同的美丽故事。这些美丽的故事常给高尔基带来无限的遐想和乐趣。也正是外祖母的这些诗歌和故事使高尔基深深地爱上了诗，爱上了文学，为他走上文学道路做了最早的铺垫。这是一座艺术的宝藏。

6岁的时候，高尔基跟着外祖父学习教会斯拉夫文，读赞美诗和日课经。外祖父对外孙的成绩非常满意，他说："他的头脑是'石头做的'，一经刻在上面，就那么牢固。"母亲也曾教他学习，高尔基回忆说："她买了几本书，从其中一本《祖国语言》里，我费了

几天功夫，学会了读世俗文学的本领，可是，母亲马上让我学着背更多的诗，我的记忆越来越坏，记不住这些均匀的诗行，我想把这些诗行另换一个说法，使它变样，配上其他字眼，这个愿望越来越增长，越来越强烈；……不需要的字眼蜂拥而来，很快就跟需要的字眼蜂拥而来，很快就跟书本上的字眼弄混了。"

在这种民间艺术的熏陶下，高尔基开始了最早的口头创作。他比较乐于接受外祖母的那些口头的民间文学作品，童话故事和民歌，并且很容易就记住了它们。

后来，高尔基的母亲再嫁给一个贵族大学生并把高尔基接去，送他进了小学读书。后父赌博成性，和母亲感情不好，经常毒打、折磨她，也不喜欢高尔基

→ 彼得大帝像

这个外姓的孩子，他完全成了个多余的人。无奈，高尔基只好再度回到外祖父家。此时，外祖父已经破产，生活拮据，为了继续上学，高尔基只好一边学习，一边捡破烂资助家里的生活。因此，常常遭到同学们的耻笑。他还是坚持努力学习。快升三年级时，他得到了学校的奖励，奖品是三本书还有一张奖状。当他把这些书拿到家里的时候，外祖父非常高兴，非常感动。他说，这些东西必须保存起来。可是，当时外祖母已经卧病在床好几天了，家里没有钱，高尔基只好把书拿到小铺子里去卖了，把钱交给了外祖母。奖状由外祖父珍藏着。

奖 状

尼库纳文诺城郊初级小学为奖励品学兼优之学生阿列克赛·彼什科夫，特颁发此奖状，以树楷模。

1876年6月18日

外祖父没有发现，奖状的日期和内容都已被授奖人恶作剧的改动了。在彼什科夫的姓氏上添了个绰号"巴什雷克"（他源至于外祖父讲的故事，马克西姆·巴什雷克是故事中的一个强盗头目）。在"品学"后添

上了"及淘气"，并将"下诺夫戈罗德库纳文诺省初级小学"改成了"我们猪猡的库纳文若初级小学"。这个恶作剧的亲笔题字，是保存至今的高尔基最早的手书。

1879年，高尔基的母亲病逝，11岁的高尔基结束了他一生中短暂的学习生活，只身离开外祖父的家，走进了"人间"。他先在鞋店和绘图师家做学徒，在伏尔加河的"善良号"轮船上当洗碗工人，吃白眼，受虐待，饱尝了人世沧桑。

高尔基绝不屈服于自己的命运，在为生存而奋斗的同时，他在苦苦地寻觅着人生的乐趣希望，他找到了，这就是读书。他如饥似渴地寻找书，贪婪的读着借到的每一本书，书向他展开了另一番天地，别一样的情感世界，他从童年的时候起，就深深的爱上了书。

# 在 困苦和屈辱中发愤读书

热爱书吧，书是知识的源泉，只有知识才能解放人类。

书是人类进步的阶梯。

——高尔基

高尔基失学后，为了生存，先来到鞋店做工，后来又到绘图师和建筑承包商谢尔盖耶夫家做学徒。他整日干活，几乎到了愚钝的程度，还得看主人的脸色，听他们无休止的唠叨。终于有一天，他忍受不了那沉重的生活和令人厌恶的苦闷，一个人逃了出来。他来到了春水泛滥的伏尔加河边。春天的太阳和煦地照着，伏尔加河水涨得满满的，大地显得热闹而宽阔，这使他感到自己过去真像躲在地窖里的小耗子，于是，他决定再也不回主人家去了。他在码头上和一帮装卸工朋友混在一起，并经他们介绍到"善良号"轮船上做了一个小洗碗工。也就是在这条船上，他结识了厨师米哈伊尔·阿基莫维奇·斯穆雷。

斯穆雷曾当过近卫军的中士，是高尔基一生中最

难忘的朋友之一，也可视为高尔基的"第一个老师"。是他唤起了高尔基读书的强烈兴趣，他也是最早提供给高尔基大量书籍的人。从这种意义上也可以说是他改变了高尔基整个人生。

斯穆雷有一只钉着铁皮的黑箱子，里面装着很多书。当时，在高尔基看来，这简直是世界上最奇妙的图书馆。

就这样，一有空闲，他们就拿书来读，读完一本又换上另一本。有果戈里的《可怕的复仇》《塔拉斯》，英国小说家司各特的著名长篇小说《艾凡赫》，英国作家菲尔丁的长篇小说《汤姆·琼斯》等等。他们会随着书中的描述而高兴、忧伤、愤怒，有时会把眼泪流

→伏尔加河

←高尔基

到书上。

　　不知不觉，高尔基有了看书的习惯，变得一卷在手，其乐陶陶了。斯穆雷也更醉心于读书，常常不管高尔基在干活便硬拉了他去念书。读书使他们在烦闷

无聊的现实生活之外开辟了另一块精神园地。他们常常一起带着自己的爱和憎去谈论人世间各种各样的人和事，他们用自己的语言赞美书中的英雄，也不吝惜为那些不幸的人抛洒同情之泪。高兴时斯穆雷也会把他在军队里的许多事讲给高尔基听。

他们这样做常常引起一些人的不满，甚至遇到恶毒的嘲讽。后来，高尔基终因被人诬陷而离开了这条船，离开了斯穆雷这位师长和朋友。

天开始下雪的时候，外祖父又把高尔基送到外祖母的妹夫——绘图师谢尔盖耶夫家作学徒。名曰学徒，实际上是做杂务，每天从早忙到晚。高尔基回忆说："我活干得很多，几乎到了愚钝的程度。不论是平日还是节日，都同样地排满了琐碎的、毫无意义和毫无效果的劳动。"

更令人气恼的是，主人们严禁他读书，看书不但要受到惩罚，而且书也要被没收。这种压抑的生活反而使高尔基读书的欲望更强烈了。他渴望知道更多的东西、渴望在别样的情感世界中游历，而忘记现实生活中的烦恼。

于是，在夜深人静时，他便常常一个人偷偷点起蜡烛看书。

邻居住着裁缝的妻子，她漂亮、善良、喜欢读书，每周都去图书馆借书。因此也常常遭到一些人的非议。高尔基却不顾这些，经常跑到她那里借书然后藏到屋顶楼上，晚上再偷偷地看。

一个星期天的晚上，主人们都做晚祷去了，高尔基把书拿到厨房里看了起来，由于看得太专注，竟忘记了时间和自己该做的事情。直到主人们回来敲门时

← 高尔基

才发现时间已经很晚了，一支蜡烛几乎点光了，早上自己刚刚清除过的蜡盘又已经满是蜡油了，长明灯的灯芯也落进灯油里熄灭了。他被痛骂了一顿。从此，主人们更不允许他看书了。吝啬的老女主人甚至把剩下的蜡头的长度也都一一量过，只要发现短少，就会大骂或痛打一顿。高尔基只好用铜锅把月光反射到书上来看。有一次，月光太暗，他只好爬到墙角底下的凳子上站着，凑近圣像，借助长明灯的灯光看书。看得倦了，竟趴在凳子上睡着了。老婆子发现后，气急败坏地打了他一顿。从此，高尔基看书就更难了。老婆子一旦发现，就把书撕碎或烧掉。这使他欠了小铺子一大笔租书费。

→伏尔加河

　　高尔基读书很多，尤其是那些"惊险小说"，以致于后来他一看了开头，就可想象出结尾如何，这常常使他感到乏味。这时，他发现了巴尔扎克的作品，这些作品给他带来了"奇迹般的印象"。

　　巴尔扎克的《欧也妮·葛朗台》对人生的深刻揭示使他震颤："即没有恶毒的人，也没有善心的人，而只有栩栩如生的普通人。""葛朗台老头子使我鲜明地联想到我的外祖父。这本书那么小，这是令人遗憾的。然而，其中的真实情况又那么多，这却使人吃惊。那些真实情况原是我在生活中很熟悉而且很厌恶的东西，这本书却用一种全新的、一种不带恶意、平心静气的描写手法把它表现出来。"

　　同样，龚古尔、福楼拜和司汤达的作品也以对人生描写的深刻性深深地打动了步入了社会但还不深谙人生的高尔基。这些作品对他来说是一种艺术感染又是一种人生预习：

　　"我还记得三圣节那天晚上，我读了福楼拜的《一颗简单的心》。我爬到了板棚上，坐在棚顶，躲避着节日里那些兴致勃勃的人们。我完全被小说惊呆了，好像成了聋子和瞎子，那些最平凡的村妇、厨娘们既没有创建什么丰功伟绩，也没有犯下什么罪行，但是对我来说，她们却胜过了春天里喧嚣的节日。很难理

→福楼拜

解，为什么一个人用那些我所熟悉的普通语言铺陈出的厨娘们的'无意义'的生活故事，却使我如此激动？……"

高尔基喜欢巴尔扎克、福楼拜和司汤达的创作。

他们那些卓越的现实主义作品一次次震撼了他并对他后来的创作产生了深远的影响。

然而，相比之下他更热衷于俄国古典文学优秀作品的学习和研究。例如：他曾这样形容自己读普希金的长诗时的情景："我一口气就把他读完了，心里充满如饥似渴的感觉，就像一个人无意间来到一个从前没有见过的美丽的地方，总想一下子把这整个地方都跑遍似的。一个人在沼泽地带的树林中，在那些长满青苔的土墩上走了很久，突然有一片干燥的、遍是鲜花和洒满阳光的林边草地在他的眼前展开，他就会生出这样的心情。"

而"《鲁诗兰》的诗序使我联想到我外祖母的那

← 司汤达

→高尔基与儿子

些最优秀的神话，仿佛把那些神话美妙地压缩在一起了……那些音调响亮的诗句把它们所讲的一切东西装点得喜气洋洋，非常容易使人记住……普希金的那些精彩的童话诗对我来说非常亲切易懂，我只要把它们读几遍就背下来了。我躺下来睡觉的时候，闭上眼睛，不出声地念那些诗，直到睡着为止。"

此时，高尔基的读书已经升华了，他已不单单追求那些惊险的戏剧性的故事情节，不单单为书中人物的命运和成败去抛洒情感，而更多的是从艺术和审美的角度去感悟这些作品的真正魅力。此时，书就更使他陶醉、更让他迷恋。读书往往成了他的第一性的工作。一次他只顾专心读书结果烧坏了茶炊，老太婆用木柴棒把他的后背打得血肉模糊。当医生从肉里拨出了42根木刺后非常同情高尔基，认为这是人身虐待，应该去法院告发主人家。但高尔基忍住了，他所有的目的就是以此来获得一种读书的权利，哪怕皮肉受苦亦在所不惜。在肉体与精神之间，他毫无疑义地选择了后者。

→莱蒙托夫

　　13岁时，高尔基终于离开了谢尔盖耶夫家，进了一家圣像作坊当学徒。那里有二十多位画像师傅，工作条件十分恶劣。但是，他却有一种十分新鲜的感觉，他感到人们的善良，觉得自己置身于一个劳动的集体之中。在总是笼罩着一种烦闷空气的作坊里，高尔基不仅自己坚持读书，为了给大家解闷，还经常把一些书读给大家听。有时还把书中的情节编成简单的小喜剧向工人们展示。

有一次，他得到一部当时被列为禁书的莱蒙托夫的诗集，他将其中的长诗《恶魔》读给大家听，希望能用诗中那争取自由、渴望幸福的精神来感染众人。人们静静地倾听。过了若干年之后，他仍忘不了当时动人的情景：

"这首长诗使我很是激动，既痛苦，又快活，我的声音常常中断，热泪盈眶，看不清诗句。但更加使我激动的却是……整个作坊似乎在沉重地翻腾着，仿佛有一块磁石把人们吸引到我的身边来。等我读完了第一章，差不多所有的人全围在桌子的四周，紧紧地挤在一起，……"高尔基被诗所感动，更为周围的气氛激动着。他理解了诗的力量和诗对于人的巨大影响，这更坚定了他发愤读书的决心。

就这样，高尔基从小就和书结下了不解之缘，不论他走到哪里，都挤时间利用各种机会读书。艰苦的生活，造就了他那种不畏艰难，倔强和乐观向上的性格。书启迪了人生，它在最困难的时候鼓舞人战胜困难，在最黑暗的日子里看见光明。书永远伴随着人生。

# 走进人生的 "大学"

> 书本跟生活中间的矛盾使我很感苦恼，
> 书本是我差不多坚决地相信的，生活又是
> 我已经知道得相当多的。
>
> ——高尔基

　　高尔基带着上大学的强烈期盼，来到了喀山。喀山，地处俄罗斯东部，这是一个大港口城市，也是一座文化中心城市，有博物院和其他教育机构，列宁曾就读过的皇家喀山大学就设在这里。喀山也是当时反沙皇专制社会的活动中心之一，许多革命者都曾在此活动过，如列宁、费多谢夫等。在这最初成为领导核心的多是民粹派革命家，他们受过良好的教育，思想激进，理论能力强，主张实行革命的恐怖主义暗杀行为来推翻沙皇制度。但进入18世纪80年代后，马克思主义传播到这里，民粹派思想逐渐让位于马克思主义。

　　高尔基的求知欲极强，读了许多书以后，就更加渴望学习，好多了解他的人都曾由衷地慨叹："你该进学校学习"。但真正引发他上大学的念头的还是中学生尼古拉·叶夫列伊诺夫。他是一个漂亮讨人喜欢的青年，彼此结识后，他认准了高尔基具有"研究科学的特殊才能""天生是为科学服务的"，劝他一起去喀山学习。他答应高尔基去喀山后可住在他的家里，"过一个秋季和冬季，读完中学课程，'随便'去应几场考试，就可领到助学金上大学了"。

然而，到了喀山高尔基才知道，尼古拉·叶列伊诺夫的家非常贫穷，母亲带着两个儿子，靠一点可怜的抚恤金维持生活。

于是，他每天一大早就出去找工作，以免给这家人增加经济负担。遇上刮风下雨，他就躲到荒野里那个半倒塌的建筑物的大地下室中，闷坐着，听大雨滂沱狂风吼叫。这时他才觉悟到上大学只不过是一个梦想罢了。

为了生存，高尔基不得不再一次来到伏尔加河畔，成为成千上万的流浪者中的一个。

　　我混入那些装卸工、流浪儿和无赖汉们中间，觉得自个儿好像生铁投进烧红的炉火里一样，每天都给我心上留下许多尖锐深刻的印象。我看见那些狂热露骨、生性粗野的人们，在我面前旋风般地转来转去。我喜欢他们对于

→喀山

现实生活敢于憎恨，对世界的一切敢于嘲笑，对自己又满不在乎的乐观态度。"

　　通过朋友的介绍，他结识了喀山的小商人安德烈·斯杰潘诺维奇·捷林科夫，并进入了他的食品杂货店。名为杂货店，其实是一些进步青年活动的场所。这里设了一个"非法"图书室，所藏图书都是喀山青年们常年累月积累起来的。那些禁书和珍本书对高尔基来说十分难得。捷林科夫受大学生们进步思想的影响，乐于把自己的房间提供给他们举行会议和进行辩论。由于每个人都可以扮成顾客出入，所以，这个场所能够长期地隐蔽下来。

　　构成这个图书室基本核心的是经过精心收集的那

← 喀山大教堂

→车尔尼雪夫斯基

些俄国近代民主主义者们的著作，如车尔尼雪夫斯基
的《怎么办》、拉甫罗夫的《历史通信》，以及杜勃罗
留波夫、谢德林等人的著作。其中的一部分书籍竟是
手抄本，人们特别喜爱读它们，以致书稿都被磨破、
揉碎了。可想而知，当一位从社会底层中走出来、求
知欲极其强烈的高尔基进入这样一个环境后，思想上
会产生多大的变化！

　　高尔基加入了这一伙喧哗的群体，和他们一起交
流书籍、学习和讨论。他说："这些人真叫我有点像被
释放前的囚徒一样感到狂喜。"

　　从这时起，科学家、思想家、革命家的著作代替
了高尔基过去读的那些冒险小说。他开始研读亚当·
斯密的理论，读车尔尼雪夫斯基的著作。读马克思的

《资本论》。当时，马克思的《资本论》在俄国还是稀世珍品，只有第一章手抄本在民间流传。

高尔基第一次感受到了人生的意义和一种朦胧的希望和理想，同时也知道有许多人在为这一理想而努力。

当时，高尔基的生活极为艰难，没有住处，就和进步青年夜班校对员古里·普列特涅夫轮流睡一张木板床。古里晚上工作，白天睡觉，高尔基白天则到码头上去做工。常常是劳累终日，不得温饱。然而，此时他的思想却升华了。过去，他只是为个人的不幸和周围环境的恶劣而苦闷，此时他已把自己的命运与国

← 亚当·斯密

→马克思

家、民族的命运维系在一起。

　　后来，捷林科夫家又开了一个面包作坊，以此作为革命活动的资金来源。他让高尔基到自己的作坊做面包师的助手。高尔基的劳动量越发大了，除了在作坊里劳动之外，每天还要送外卖，他也往往利用这个机会传递革命书刊。

在此期间，有许多革命者被捕，高尔基的行动也引起了当局的高度注意。侦探尼基伏里金更是对高尔基"关怀"倍至，他对高尔基的住处每天都要查巡几次。此时的高尔基实际上已被沙皇当局所编织的警察网罩住了，他的一举一动都牵动着网的中心。

在这种环境之中，高尔基不仅受到来自当局的敌视，同时，也从那些民粹主义的革命者身上看到了一些脱离实际的弱点。在这些人中间他不仅看不到社会正义力量的希望，而且也找不到真正的朋友。此外，他最敬爱的外祖母不幸病逝了。生活的劳苦、思想的迷茫、精神的孤独、环境的险恶、最后一位亲人的亡故，使高尔基发生了严重的精神危机。理想与现实的矛盾在年轻的高尔基的心中产生了巨大的撞击，他的心理失去了平衡……

1887年的一天，他买了一支老式手枪，装上子弹对准自己的胸口开了一枪，子弹击穿了肺叶。他立即被送到医院抢救，一个月后伤愈出院。

使高尔基摆脱精神危机的是民粹派革命家罗马斯。罗马斯也是捷林柯夫面包作坊的工人，他曾长年被沙皇当局流放。他注意到了高尔基的状态，请他到自己开的杂货铺里做帮手，让他一边工作一边读书。高尔基答应了他的要求，他来到了罗马斯铺子所在的克拉

→克拉斯诺维多沃村

斯诺维多沃村。当天晚上，罗马斯就同他进行了长时间的谈话，谈了自己的身世和流放生活，使高尔基深受感动。高尔基后来在《我的大学》中写道："我第一次感到这样真正热情的友谊。从企图自杀那件事后，我非常自卑，觉得自己十分渺小，像是对人们犯了罪过，没有脸再活下去。罗马斯一定明白我的心理，就很慈祥地、坦率地向我打开了自己生活的大门，使我重新挺起胸膛。这真是一个难忘的日子啊。"

这里的环境比喀山安静得多，罗马斯又有许多俄国和外国的各种名著，这对于高尔基来说，这无疑是饥饿中的食粮。这些书籍不仅振奋了他的精神，而且也开阔了他的眼界。他从自己的精神危机过程中感受到了人生的价值与意义之所在，即无论何时都不应该丧失生活的信心。生活本身就是艰难多变的，它需要最具耐力的强者。而只有强者才能最后驾驭生活，体验到人生胜利的喜悦。从此以后，无论他经历怎样的挫折和困难都没有绝望过。

罗马斯的主要工作就是在村里组织农民对富农的斗争，但却得不到大多数农民的理解。他们惧怕新事物，固守习惯的价值尺度，他们不仅不支持罗马斯的倡导，而且在村长的指使下，一起反对他。恶势力甚至想谋害罗马斯，终于他们纵火烧毁了罗马斯的杂货铺，而高尔基为抢救书籍几乎被烈火堵在屋中。在这种状况下，罗马斯不得不与高尔基分手，离开了克拉斯诺维多沃村。

高尔基从罗马斯身上学到了许多东西。许多个夜

←喀山白色的克里姆林宫

晚，高尔基倾听罗马斯同农民的谈话，看着他不知疲倦地工作，还有他那种面临危险而镇静自若的态度，都给高尔基留下了极深刻的印象。高尔基在喀山市住了四年，虽说没有进入大学，但通过与革命者和下层民众的接触，通过自身的不断努力，当他离开喀山时，无论在思想、学识、社会经验各方面都获得了巨大的收获。他说："我虽然是在下诺夫戈罗德诞生的，但在精神上使我获得生命，却是喀山。喀山是我最喜爱的一所'大学'。"

→喀山

# 艰难的起步

> 在生活中，在人间，我必须找到某种
> 能够使我的沉重心情得以平衡的东西，我
> 要直挺起自己的身子。
>
> ——高尔基

与罗马斯分手后，高尔基又陷入极度的孤独与彷徨之中。1888年初秋，他也离开了克拉斯诺维多沃村，沿着伏尔加河走到阿斯特拉罕，一直走到里的海边，与渔民们生活在一起。后来又在莫兹陀克草原漂泊，深秋时节，来到察里津西北一个冷清的小火车站做守夜人。不久，又被调到另一个名叫克鲁塔雅的火车站做司磅员，并在这里组织了一个"自学小组"。

小组虽说只有5名成员，但与喀山的知识分子小组明显不同，这里既没有民粹派的影响，又没有那种把高尔基的丰富具体的人生体验用所谓理论肢解的"教师爷"。这里完全是一种平等自由的讨论。然而，与喀山小组一样的是，仍时刻受到宪兵的监视。为此，他决定还是回故乡去。

1889 年春，他又开始了返乡的长途旅行，从察里津经莫斯科最后回到下诺夫戈罗德，全程长达一千多俄里。这么长的旅途，他多半是步行的。他走在俄罗斯大地上，也进一步了解了俄罗斯人民的困苦生活。他的视野更加开阔、生活积累也更加丰厚了。

故乡是带着冷漠甚至敌意接待这个浪

→高尔基

迹天涯的人。他一回来便被警察、宪兵严密监视，连他在面包坊工作的细节都查得一清二楚。仅从这一现象来看，说明高尔基的叛逆性格的外露已达到十分明显的程度。

高尔基与两位流放者住在一起。1889年10月12日，警察在破获了喀山的地下印刷之后，得知与高尔基同住的莫索夫有重大嫌疑，于是搜查了他们的居处。莫索夫闻讯逃走，高尔基由于"态度傲慢"被逮捕，关押在监狱的一个塔楼里。这是高尔基的第一次被捕，但由于证据不足又很快被释放了。

高尔基后来到律师拉宁的事务所做文书，生活上稍稍有所安定。拉宁是他人生旅途上又一个良师挚友。从这时起，他萌生了一股创作的欲望。经过努力之后，高尔基完成了第一部作品——散文诗《老橡树之歌》。带着作品他叩响了当时住在下诺夫戈罗德城的著名作家柯罗连科的房门。

柯罗连科以一种长者的姿态向惴惴不安的高尔基谈了其作品的不足，并用一种富有诗意和哲理的语句说道："在青年时代，我们都有一些悲观主义""确实，我不知道为什么，可是，好像是因为我们想得很多，而做到的却很少……"高尔基对此既表示惊异又表示悲哀，他觉得自己不是搞创作的材料，他把柯罗连科

→柯罗连科

退给他的诗稿撕碎，投入火炉中，决定再也不写诗或散文了。然而，创作的欲望并没有消失。为了摆脱苦闷，也为了更好地了解人们的生活，1891年的春天，他又一次离开故乡，开始了第二次的俄罗斯漫游。

他沿着伏尔加河的察里津，横穿顿河草原，到了乌克兰，走向多瑙河，一直来到罗马尼亚边境。秋天，他又由比萨拉比折回，沿着黑海自西向东，经过克里米亚，来到高加索。整个行程达几千俄里。行万里路，读万卷书。行路也是一种学习。高尔基在致友人的信中说："我漫游俄国，并非醉心于流浪生涯，而是想看看我生活的地方、我周围的人民。"高尔基是来自俄罗斯人民生活底层的人，他所亲近的仍是这些底层的人们。两次漫游给他的后来创作提供了丰富的材料和体验。他从民间传说中学到了书本上学不到的故事和艺术，从古朴的俄罗斯民众身上看到了苦难与韧性、忍耐与反抗的丰富性格。

漫漫的旅途，对于高尔基来说无疑又是一种特殊的学习过程。他看到了千姿百态的自然风光，接触到了各种各样的人，而他自己亦在旅途之中做过各种各样的工作。当过脚夫、泥瓦匠，捕过鱼、晒过盐……为了糊口，有时他一天工作长达十几个小时。流浪的生活是艰难的，更是危险的，他曾在刻赤海峡被大海吞没过，曾在格鲁吉亚的暴风雪中被冻昏过，亦曾在乌克兰乡道上，为解救一个被污辱和鞭打的妇女而被愚昧而野蛮的村民毒打得奄奄一息……但是，这些险

← 梯弗里斯

恶的经历并没有使他退缩，相反更增强了他那不屈不挠的坚强性格。而且，通过旅途中与下层民众的接触，通过对各种生活的亲身体验，使他积累了丰富的人生经验，加深了他对俄罗斯社会的认识，并为他后来的创作提供了丰富的素材。

1919年11月，高尔基来到了高加索的梯弗里斯，在铁路的机器修理厂工作。在这里，他很快就结识了一批具有革命思想的工人、学生和一些流放移民。亚历山大·麦福季耶维奇·卡留日内，就是其中之一。他对高尔基的一生具有决定性的影响。

卡留日内因参加民意党的革命活动，曾坐过6年牢，后定居梯弗里斯，在铁路管理局当统计员。

我们从高尔基后来写给卡留日内的一封信中，可以看出他和高尔基的深厚友谊和他对高尔基未来生活所起的重大作用。

卡留日内的最大功绩就在于他发现并坚定不移地相信高尔基所具有的非凡天才和超人意志。高尔基既有丰富的生活经历，又有讲故事的才能。他凭着自己的直觉感到这位青年人和他的故事一定会在俄罗斯文坛引起不同的反响，于是他极力鼓励高尔基把这些经历和见闻写出来。在他的鼓励下，高尔基把他在旅途中从一个吉卜赛老人口中听来的传说，写成了他生平以来的第一篇小说《马卡尔·楚德拉》。经卡留日内的介绍，发表于1892年9月12日的《高加索报》上。在签发稿时，作者在报纸的编辑室里给自己取了一个笔名"马克西姆·高尔基"。这个笔名别有含义，它在俄语中是"最大的痛苦"之意。这里一定饱含着作者那深深的感触。

20世纪文学大师的处女作构成了俄罗斯文学近代与现代的交汇点。在《高尔基全集》中，它作为开篇之作，其优美的开端令一代读者念念不忘：

从海上吹来潮湿寒冷的风，把击岸波浪拍溅声和岸边矮树飒飒声的忧郁旋律吹散在草原上。

它的高昂的情调和热情的比喻就像主人公的情感一样鲜明。小说中，高尔基以浓洌的浪漫主义色彩和热情奔放的语言描绘了左巴尔和拉达这两个酷爱自由的理想形象，突出了"不自由，勿宁死"的主题。这样的小说出现在呆板枯燥的高加索总督的半官方刊物上，出现在俄罗斯帝国的半农奴制度的死气沉沉的时期是极不寻常的。可以说《马卡尔·楚德拉》是表现俄国现代文学开始高涨的开山之作。

→伏尔加河

　　高尔基在梯弗里斯的生活并不长。不久，他就结束了将近两年的漫游，回到了故乡下诺夫戈罗德，仍然在律师拉宁的事务所里做文书工作。但他从未放弃从事文学工作的宿愿。他白天埋头工作，晚间坚持学习和写作。

　　1893年8月5日高尔基在伏尔加河一带影响最大的报纸《俄罗斯新闻》上发表了短篇小说《叶美良·皮里亚依》。这篇小说使俄国文学中第一次出现了流浪汉的形象。

　　1893年8月18日以后，高尔基的另外几篇短篇小说也陆续在《伏尔加导报》上刊载了。

　　1893年秋，高尔基再一次见到了刚从美国归来的作家柯罗连科，并进行了长久的交谈。柯罗连科称赞了高尔基最近发表的一些作品，并向他表示祝贺。他说："我们刚刚读了您的《金翅雀的故事》，好啦，您开始发表作品了，向您祝贺!原来您很固执，老是写讽喻，也很好嘛，讽喻也是好的，只要它俏皮，而且固执也不是缺点。"

此后，高尔基在地方报纸上发表的每一篇小说，几乎都得到柯罗连科的指点和评价。他的规劝和指导总是很简短的，但却正是高尔基所需要的。"您写得很有自己的特点。""您的东西并不是完全安排得妥当的，有点粗糙，但是很有趣。"

1894年，高尔基的创作冲动极为强烈，他离开了拉宁的律师事务所，集中精力搞创作，他为地方报纸写短篇小说，稿酬是每行字2戈比。

柯罗连科非常关心高尔基的创作，关注着他的每一篇作品的进步，并经常指出其不足之处。

1894年的一个夏夜，高尔基与柯罗连科彻夜未眠，一边在郊外田野里散步一边围绕着高尔基的创作问题进行谈话。柯罗连科对高尔基的作品进行了非常详细、中肯的分析，除指出其独到的成功之处外，还非常认真地劝他不要过于急躁地多写、多发，而要细细推敲。他认为高尔基可以写更大一些的东西了。多年的生活

→伏尔加河

积累、多年的思想磨炼、多年的创作欲望在经过一个夏天后，收获的季节来到了。

经过柯罗连科的指点，高尔基的创作水准迅速提高，他以一个流浪汉病友向他讲述的一个故事为素材，创作了一篇名为《切尔卡希》的短篇新作，送到柯罗连科的手上。柯罗连科非常欣赏这篇作品，认为高尔基的《切尔卡希》"是一篇真正好的短篇小说！是用一整块料子做成的"，他评价作者是位"能创造有个性的人物"的作家，"是个现实主义者"同时又是个"浪漫主义者"。

《切尔卡希》经柯罗连科推荐发表在莫斯科的一家大型月刊《俄罗斯财富》上，从而标志着高尔基的创作已步入一个新的台阶，他在俄罗斯文学界已崭露头角。

1895年2月底，柯罗连科推荐高尔基到萨马拉城

← 萨马拉城

→ 萨马拉郊外美景

((即比雪夫市）在《萨马拉报》做专栏作家。从此以后，高尔基正式开始了专业作家的生涯。稿酬为一行字2戈比半。

他在萨马拉的工作非常紧张。他的住处伏兹涅辛斯基大街地下室的灯光彻夜不熄，像当年福楼拜在塞纳河畔的房间的灯光一样，指引着夜行的路人。经过刻苦努力，一年之后，高尔基的名字在俄罗斯文坛已经被人们熟知了，他已经接近了成功的顶点。

1896年，高尔基与《萨马拉报》校对员叶卡杰琳娜·巴甫洛甫娜·伏尔仁娜结婚，组成了一个家庭。

高尔基步入文坛之际，正是俄国历史上一个"山雨欲来风满楼"的时代。沉睡了300年之久的俄罗斯在残冬之夜里悄然苏醒。人心骚动，思想活跃，各种社会矛盾日趋激化，整个社会开始呈现出渴望行动的气氛，但是，历史留给这个民族的精神重负还难以一下子摆脱。就在这时候，高尔基从社会底层中走出来，以"粗鲁的"语言和不可阻挡的锐气，喊出了他所熟知的这个社会阶层的全部屈辱与挣扎、苦闷与希求，也显示出他们那隐藏在生活实践的粗糙外壳下的珍珠般的品格。他为恶劣的社会环境压抑并扭曲人性，从而使人成为非人的残酷现实所震撼。他以充满着哀号和恶梦、蜕化和堕落、复仇和抗争的生活图画来惊醒人们，他也常常以闪现着亮色的理想图景来抚慰、温暖一颗颗因受伤而干涸的心。他希望能够激励人们起来，打翻现存秩序，争得做人的权利。高尔基带着这样的愿望走入文坛，并以他独特的经历和独特的风格在俄国文坛上放出异彩。

# 从流浪汉到名作家

我偏爱勇士的狂热。

——高尔基

1898年对于高尔基来说，是获得巨大声誉的一年。这一年的春天，在别人的建议和帮助下，他的作品结集为《特写与短篇小说集》第一、二卷出版，并获得了巨大的成功：在10个月内卖出了3 500部，次年再版并出版了第三卷，也很快销售一空。这件事的意义不只在于其出版盛况的前所未有，而更在于其向俄国文坛提供了前所未有的新的人物形象和新的思想。

高尔基短篇小说中的人物虽说多是生活在饥寒交迫之中，但其不屈服的斗争精神却一改过去文学作品中"小人物"的面貌，反映了在新的时代即将到来之际俄国人民的思想情绪。

三卷小说特写集里最为优秀的作品是1895年发表的《伊则吉尔老婆子》和《鹰之歌》。《伊则吉尔老婆子》中的"丹柯的传说"可以说是作家人格理想的最

← 鹰之歌

生动的体现。丹柯是一个勇敢无私的优秀青年，他的族人先是平静地住在浓密的森林里，而后家园被异族占领，丹柯自告奋勇要带领族人们走出森林去开辟新的家园。道路坎坷，黑暗漫无边际。当大雷雨降临之际，他们在森林中迷路了，族人们开始埋怨乃至痛骂丹柯。"我还能为这些人做什么呢？"丹柯发自内心的呼喊压倒了雷声。为了拯救众人，也为了证明自己的真心，情急之下，丹柯一手抓开了自己的胸膛，掏出了一颗火热的心！他把自己的心高高地捧过头顶，燃烧的心如日中天，照亮了森林，驱走了黑暗！族人们在他那颗红心的引领下终于走出了森林，告别了危险。而此时，丹柯却永远地倒下去了。在这个故事中，作

者提到了生与死、个人与群体的普遍问题。通过这一英雄的形象不仅回答了这个问题，而且表明了高尔基在黑暗如漆的社会环境中所具有的"丹柯之心"！高尔基从人民大众的利益出发，歌颂了丹柯舍己为人的献身精神，给黑暗之中的俄国大众以希望和鼓舞，并且作为一种高尚的普遍人类精神得到世界上广大读者的认同。

《鹰之歌》同样写于1895年，作者以散文诗的形式歌颂了一种勇敢自由精神。它与稍后的《海燕之歌》一起成为享誉世界的战斗之歌！鹰与蛇作为两种人格精神的象征，对比性地表明了作家向往自由崇高、蔑视丑恶渺小的人生价值观。鹰的内心燃烧着对自由的渴望、热爱，而黄颔蛇的灵魂则在苟且偷生中腐烂。蛇把"无论飞也好，爬也好，结局只有一个：大家都要躺在地里，大家都要变成尘土"作为人生的信条，嘲笑鹰的生活。而鹰则坚信活一天就要战斗、奋争一天的人生原则，不畏险恶和强暴，"在跟仇敌的战斗中流尽了血"，然而"那一点一滴的热血会像火花一样，在人生的黑暗中燃烧起来，在许多勇敢的心里燃起对自由，对光明的狂热的渴望！"高尔基本人便是这样一只雄鹰，他不畏强暴、不惧死亡，思索着人民和俄罗斯的命运。他通过鹰的形象的塑造，表明了他对"勇士的狂热"的歌颂和自己心底的意愿。《鹰之歌》发表之后，立刻在俄罗斯大地上不胫而走，有些名句还被写入当时的许多革命性的传单之中。而且无论当时还是后来，列宁、斯大林等一些无产阶级领导人在革命的斗争中都曾引用过高尔基的《鹰之歌》中的语句和形象。

由此可见，《鹰之歌》和"丹柯的传说"所包含的思想意义都被当时的人和后来人清楚无误地理解并接受了。"丹柯之心"是从道德人格上对人们精神上的一种引导，鼓舞人们高尚的献身精神；而鹰的英姿则从思想意识上引导人们去反抗强敌，追求自由。高尔基以自己的痛苦经历和对人生社会的深刻理解，通过生

→ 高尔基与斯大林

动丰满的艺术形象而昭示给人们，确实起到了与实际政治斗争和社会变革相呼应的巨大作用，并且为俄国文学提供了新的艺术素质。

　　文学事业的成功给他带来的不仅是声誉，而且由于他在作品中所表达的思想意识亦给他带来了不断的麻烦，沙皇的警察机关加紧了对他的注意和监视。1898年5月11日，高尔基在梯弗里斯被宪兵们以"政治上明显的危险思想"之名逮捕。由于没有找到具体的"可指责的"证据，再加上高尔基已经名闻遐迩，沙俄当局已不敢轻意妄为，所以在关押了48天之后，5月29日他被从梅赫斯克监狱里释放了出来，但仍受到公开的严密监控。

　　1898年冬天伊始，高尔基决定开始创作长篇小说，小说定名为《福玛·高尔杰耶夫》。经过一年多时间，他的第一部长篇小说问世。小说自然带有早期作品的批判意识，但艺术风格上则更趋于沉稳、冷静。

主人公福玛出身于商人暴发户的家庭，他继承了父辈的家产和事业，但是他对现实和自身都极为不满，不愿和商人和资本家们同流合污，于是经常与社会发生冲突，最终被社会所抛弃，进了疯人院。小说印证了高尔基这样一种理想："在一个人身上，最常见的是有两种相互排斥的倾向在作斗争：更好地做人的倾向和更好地生活的倾向。把两种冲动混为一体，在目前乱糟糟的生活条件之下是不可能做到的。"

→高尔基与契诃夫

《福玛·高尔杰耶夫》出版时是献给契诃夫的。18世纪90年代末，由于高尔基创作上的成功，使他结识了托尔斯泰、契诃夫等著名作家。在与这些文学大师交往的过程中，高尔基在创作上得到了进一步的提高，亦从生活和工作上得到了许多帮助。1899年，他在契诃夫的屡次劝诱下离开故乡来到了首都彼得堡，生活和艺术的圈子都因此而明显扩大。并且在这里与工人运动和社会民主党人取得了实际联系，并参与了一些具体活动。

1900年1月，高尔基与托尔斯泰第一次见面，托尔斯泰是高尔基非常尊崇的世界文学大师，他以卓越的艺术和深刻的思想反映了19世纪后半叶俄国社会的现实，被列宁称之为俄国的"一面镜子"，并使全人类的艺术发展向前跨进了一步。早在少年时代，高尔基就非常崇拜托尔斯泰，热爱他的作品。然而他对托尔斯泰的崇拜不是盲目的，而是具有自己清醒的认识。高尔基对于"勿以暴力抗恶"的道德哲学一直持否定态度。他认为"生活是斗争，永远是斗争!"他为此和自己自幼崇拜敬仰的托尔斯泰进行了论争。

19世纪90年代，在黑暗如漆的社会里，高尔基就是这样一方面通过艺术形象来启迪人民的思想，另一方面又通过自身的实际行为努力去接触与了解俄国社会。地火运行，风雨欲来，等待高尔基的是另一个人生与艺术的高度!

← 高尔基与列夫·托尔斯泰结识

# 海燕之歌

人这名字真光荣！
让暴风雨来得更猛烈些吧！

——高尔基

时间老人迈着踉跄的脚步，把俄国送到了世纪末。这个世纪末不单单是一种时间性的，而更是一种历史性、社会性的。

1900年始，欧洲发生了连续三年的全面性经济危机。俄国这个后起资本主义国家亦很快受到冲击，三千多家工厂企业倒闭，十万多工人失业。经济的衰退加剧了社会矛盾，为生存的经济斗争在政治力量的引导下，迅速转入为解放的政治斗争。

1900年，列宁从流放地归来，成为以未创刊的《火星报》为核心的政治组织的领导人。6月，他曾来到高尔基所在的下诺夫戈罗德市，与其他一些革命者商谈《火星报》事宜。高尔基托人送去400卢布，以表示对列宁和《火星报》的支持。

1900年12月，《火星报》终于在国外创刊。这份

报纸以犀利的语言、敏锐的思想批判和揭露沙皇统治下的俄国社会现实，号召人民起来为生存和解放而斗争。从创刊之际起，《火星报》便通过下诺夫戈罗德的社会民主党人按期送到高尔基的手中，从而一条实际

的红线把高尔基与列宁、把艺术与斗争联结起来，作家高尔基亦成为战士高尔基。这标志着高尔基在艺术道路和人生道路上进入了一个新的阶段。

1901年2月，受下诺夫戈罗德革命者委托，高尔基又一次来到了彼得堡，为工人运动的需要而购买一台油印机。在此期间，高尔基为揭露3月4日当局屠杀示威游行的大学生而写了一份题为《驳政府报道》的传单，并为大学生活动而捐献资金。因此，他刚刚返回下诺夫戈罗德便同其他人一起被捕了。在监禁中，高尔基原有的肺病加重，经社会舆论和医生的一再抗议，当局不得不把他释放，但却仍软禁在家中。环境是这样的险恶："在我寓所的厨房里，他们派了一个警

察，在过道里，也有一个警察，我只有在其中一个警察的监随下才能上街。"9月，内务大臣命令下诺夫戈罗德当局将高尔基移至闭塞、沉闷的阿尔扎马斯县城监管。但是由于高尔基的病情继续恶化，最终才被允许在流放到阿尔扎马斯之前去克里米亚，在警察的监视下进行治疗。

11月7日当地大学生们在得知明天早晨高尔基将乘邮车取道莫斯科前往克里米亚的消息后，他们散发传单，组织了规模盛大的欢送会，而实质上是整个社会对当局的强烈抗议。而此后虽说当局严加防范，但沿线的群众仍纷纷举行集会游行，为高尔基送行。当局不得不一再改变移送路线和地点。

沙皇专制政府不经审讯便把一位在全欧洲都享有声誉的作家驱逐出自己的家乡，这一无理行径极大地激怒了俄国民众。它表明人们对于自由的向往和专制的不满已到了顶点。人们的情绪之所以如此激昂，另一个重要的诱因便是高尔基于1901年4月发表的散文《海燕之歌》。

最初，《海燕之歌》本来是短篇小说《春天的旋律》中的结尾部分，但小说在付印时却被书刊检查机关禁止，而只允许刊印《海燕之歌》。然而，这却产生了当局绝没有想到的后果。作品在《生活》杂志上发

→海燕

表之后，立即传遍了俄罗斯大地，受到了愤怒已极、日渐觉醒的民众的热烈欢迎，作品几乎被所有读者理解为一篇预示革命的暴风雨即将来临的战斗宣言。一时间，《海燕之歌》在俄国的每一座城市里被翻印、传抄，在青年人的晚会上，在工人的小组里，到处被朗诵，人们将其视为革命的战斗檄文和精神武器。

　　《海燕之歌》与《鹰之歌》从题材、主题和风格上都属于姊妹篇。《鹰之歌》写于1895年，《海燕之歌》写于1901年，六年间俄国的社会形势已发生了很大的变化。前者表达了作者和民众对自由精神的向往，后者则是实际革命即将到来的形象反映。无论从思想上还是从情绪上看，《海燕之歌》都表现出了更深层次的进步。

与《鹰之歌》一样，《海燕之歌》也是采取了象征和比喻的方法，以海燕象征"暴风雨的报信者"即站在革命运动前列的先驱者，以海鸥、海鸭等象征怯懦、动摇的资产阶级民主派，以乌云和雷电等象征专横残暴的沙皇统治阶级。在这样的情境之中，作者歌唱了海燕不畏风暴、雷电的英勇姿态：

> 在苍茫的大海上，风聚积着乌云。在乌云和大海之间，勇敢的海燕像黑色的闪电，在高傲地飞翔。
>
> 一会儿翅膀碰着波浪，一会儿像箭一般地直冲向乌云，它叫喊着，——就在这鸟儿勇敢的叫喊声里，乌云听到了欢乐。

与在风云中博击的海燕成为鲜明对比的，是恐惧乌云、恐惧暴风雨的群鸟们。作者的这种经意的设比

反映出其对俄国政治形势的清醒把握。以海燕为代表的革命者面对险恶的形势，发出了战斗的呐喊："让暴风雨来得更猛烈些吧！"

1900年，高尔基在与契诃夫的通信中宣称："需要英雄人物的时代已经到来了。"《海燕之歌》所歌唱的无疑就是这样一种"英雄人物的时代"。俄国早期政治活动家加里宁回顾性地谈到了当时《海燕之歌》的影响与意义："1900至1901年是全俄革命运动继续高涨的年代。在社会中感觉到斗争的热情。高尔基的《海燕之歌》似乎总结了反对专制政体及其制度的情绪和愿望。"据估计，当时这一作品大概出版了几百万份。

在现实生活和斗争中，高尔基实则就是这样一只

→克里米亚

翻飞的海燕。他身患重病，又不断遭受当局的监禁、干扰和监视，但这一切都难以摧毁他顽强的斗志。

1902年，他在流放地克里米亚滞留期间，他被选为科学院名誉院士。但是经警察局向内政大臣提交报告并最后经沙皇下达旨意："选举高尔基之事要撤消。"为抗议当局这一无理决定，同时当选的契诃夫和柯罗连科拒绝领取荣誉院士证书。

1901年，高尔基创作了他的第一个剧本《小市民》，剧中的人物可以分为两类，一类是新生活的建设者，改造世界的战士尼尔；一类是小市民，幻想着个人的安逸和满足。这两类人明显与《海燕之歌》中的两种人生观相适合，表达出了高尔基的一贯思想。《小市民》一剧讽刺和揭露了沙皇统治下的现实社会，因此当局对此剧的上演严加控制和干扰。彩排时以出版事业总署署长为首的一批重要官员到场监督和审查，为了防止民众集会，剧院周围布满了警察。公演时，检票员竟由警察来担任。但是即便如此，一些地方在上演时仍然发生了群众游行。他的第二个剧作《底层》引起了更强烈的反响。《底层》创作于1902年，可以说是高尔基20年流浪生活的一种总结。剧中描写了一群生活在社会底层的人。这里有夜店老板、小偷、锁匠、妓女、游方教士、流浪汉、没落知识者等。剧作

的中心主题是怎样才能解救挣扎在社会"底层"的人们即改变这不合理的社会制度。此剧受到了保皇派杂志《俄罗斯通报》的攻击，认为"马克西姆·高尔基把笔杆当作铁棍，正在猛敲这个社会赖以立足的基础。"

→高尔基像

《底层》表达了高尔基的一般社会学说与人生见解，作品中两个具有对比性的人物——游方教士鲁卡和流浪汉沙金的思想差异正是当时俄国社会的精神状况。

鲁卡是一位善良而温和的老人，但又是一个空洞的说教者。他经常真诚地帮助别人，同情弱小者和不幸者，但同时又在精神上宣传一种不能实现的幸福幻想。他认为，人无力去和黑暗的现实进行斗争，那就让他抱有幻想，相信美好的东西。他的人生哲学是忍耐、调和和宽容。这虽然能暂时给那些不幸者以精神的慰藉，一定程度上减轻他们的痛苦，但是却不能从根本上改变他们的地位和处境。最终的剧情发展证明了鲁卡的空洞允诺和无力安慰不是社会"底层"人摆脱困境、改变命运的有效途径。

与鲁卡的善意的谎言相对比，剧中另外一个人物知识分子布伯诺夫则不相信善良和美好，他所坚信的只有那一针见血、刀锋彻骨的"严峻的真理"。他对社会现实认识极其深刻，心硬嘴冷，谁也不安慰，而只是毫不留情乃至刻薄地去说破每个人的命运。他声称"我就不会撒谎！为什么要撒谎呢!依我看，把全部真理照实说出来就得啦，有什么不安的呢?"他不断地以绝望和残酷言语来评论周围一切人和事。当安娜临终

之际，央求夜店的房客们不要吵闹："就是死也叫我死得安静一点吧！"布伯诺夫冷冷地说："吵闹并碍不着你死。"当得到安娜的死讯时，他也是抛去一句无情的话："那么就，再不咳嗽啦……"妓女娜思佳渴望纯真的爱情而不得，满怀悲愤地要离开夜店："我在这店里是多余的。"而布伯诺夫则在她那流血的心上又插了一刀："你到哪儿都是多余的。"毫无疑问，他所指出的都是事实而且深入本质。但是，他所缺少的是希望和温情，怀疑一切、嘲讽一切。布伯诺夫与鲁卡一样，他们都看到社会的弊端和人生的不幸，所采用的原则和方式虽然截然相反，而对于社会的作用却是相近的，那就是无力改变现实。与此成为鲜明对照的，是剧作中正义与斗争地代表——流浪汉沙金。他作为社会底层的不屈者，既否定鲁卡式的善良的谎言，又否定布伯诺夫式的冷酷的绝望。他所关注的是人，人的尊严、人的自由高于一切。"应该尊重人！不要拿怜恤去伤了人的尊严！""人是自由的。""他可以随意为了什么去努力，去牺牲：为了信神，为了不信神，为了爱情，为了理智。""人就是真理！"这种对人的尊严和权利的追求不仅表达了人类普遍的价值观，而且是对于当时俄国社会不给人以温饱和自由的现实的深刻批判，从而促使人们的觉醒和反抗。

《底层》由莫斯科艺术剧院上演，演员阵容十分强大。斯坦尼斯拉夫斯基、契诃夫的夫人克尼碧尔、莫斯克文等名演员出演剧中人物。剧作内容的深刻和演员技艺的高超使《底层》获得了极大的成功。首演结束时高尔基等人出场谢幕达15次之多！而且很快产生了世界性的影响，"人这名字真光荣"成了传遍欧洲的名言。

从《海燕之歌》到《底层》，可以看出高尔基对人生与社会思考的全面性与深刻性。既表达他的政治意识形态，又表达了他的道德人格理想。他所憧憬的是一个健全的社会和生活在这样一个社会中的健全的人。所以说，他的思想追求比一般政治活动家更丰富、更热烈。当然，他始终亦没有放弃对政治的关注。

1903年，俄国社会民主工党分成布尔什维克和孟什维克两大派。高尔基最初就坚定地站在了与列宁为首的布尔什维克一边。思想认识的加深和社会现实的推动，都促使高尔基的人生道路、艺术道路与列宁的政治思想路线重合，他愈来愈成为俄国文学乃至世界文学的思想尖端。

# 战斗在俄罗斯觉醒的日子里

> 如果明天流了血，他们将为此而付出高昂的代价。
>
> ——高尔基

正如高尔基在剧本《底层》中所反映的那样，俄国下层劳动者在沙皇政府的政治压迫和经济掠夺下，处于一种生存危机之中。特别是 1904 年日俄战争的惨败，更加重了这种危机，同时也促使人民起来抗争。

1905 年 1 月 9 日星期日，彼得堡 15 万工人和他们的家属向沙皇和平请愿。他们口唱圣歌、高举教旗，并且抬着沙皇尼古拉二世的画像，冒着寒风向冬宫进发。面对手无寸铁的和平请愿者们，沙皇竟然命令军队开枪，骑兵冲进人群砍杀，致使一千多人被打死，二千多人受伤，制造了震惊世界的"流血星期日"!这种骇人听闻的残酷暴行是人类进入近代以来所未曾有过的，这不仅是沙皇的罪恶，而且也是人类的耻辱。当天，高尔基在彼得堡的大街上，亲眼目睹了这个血案，禁不住满腔怒火，立即书写了《致全国公民及欧

← 高尔基博物院

洲各国舆论界的控诉书》。他尖锐地指出：在当局已明确知道这是一次和平请愿之后，仍然做出如此残暴的行为，无疑是"有预谋的、毫无道理的大屠杀"。他公然宣称："我们谴责他对于和平人民的屠杀，他们无论如何也不应遭受到这种惩罚。同时，我们声明，我们再不应容忍这种社会制度了，我们号召俄国公民要同专制主义制度进行刻不容缓的、顽强的和同心协力的斗争。"晚间，他发表演说并组织为死难者及其家属的募捐活动，并为此还散发了署有他本人名字的传单。

很快，他所写的传单落到警察手里，"流血星期日"的第二天他就被逮捕了，并关进了专门关押极重犯的单人牢房。而恰恰是当局这一暴君行为使当时反

→高尔基在列宁格勒波罗的海造船厂

对沙皇专制统治的斗争由俄罗斯大地而拓展到欧洲知识界和舆论界。列宁当时在一篇文章中写道："在国外，在有教养的资产阶级人士中间展开了营救高尔基的强大运动，德国许多杰出的学者和作家联名向沙皇请愿，要求释放他。现在，奥地利、法国和意大利的学者和文学家们也参预了这次请愿。"（《列宁全集》第8卷，第110页）罗丹、法朗士、白里安等许多著名作家、艺术家和科学家、社会活动家等联名呼吁释放高尔基。而在国内，各城市掀起了以上演高尔基的剧作为主要形式的抗议活动，并且多伴随着实质性的示威活动。2月14日，经过一个月囚禁，当局不得不在索取一万卢布的保证金之后将高尔基释放。但是警察机关仍耿耿于怀，要求重新逮捕他。侦探局局长称连一小时也不能让高尔基自由自在地呆在京城的大街上。此后，对高尔基的监视便一刻也没有放松过。

沙皇政府的血腥屠杀无疑是政治自杀，给自己掘下了坟墓。它用自己的行为表明，它已不能代表人民的任何利益，相反它完全成了以人民为敌的独裁政权。残暴的行为就发生在亿万人民的眼前，发生在自己的生活中间。人民以沉重的血的代价换来了思想上的觉悟，抛弃了原来那善良而天真的幻想。屠杀事件震惊了全俄，各地工人纷纷举行罢工，甚至与军警进行了街垒战。一月间，参加者就达44万人之多，而这一行动也波及到了农村，占全国地区的农民发动了落起义。

在经历了一段低潮之后，从1905年5月1日始，人民的反抗行动又走上了高潮，工农革命运动进一步扩大，最终影响到了军队。6月14日，黑海舰队"波将金号"铁甲舰士兵起义，标志着沙皇专制制度的最后支柱——军队已开始动摇。到了10月，反抗斗争终

→波将金号铁甲舰

于形成了全国性的政治运动。一百多万工人相继举行罢工，职员、学生、教师、医生、工程师和农民亦起而响应，在军队中亦不断发生较大规模的起义事件。

面对全俄人民的反抗斗争，沙皇政府被迫退让，10月17日颁布宣言，承认人民有言论、出版、集会、结社自由，扩大选举权，设立拥有立法权的国家议会。

在不断的斗争特别是"1月9日事件"之后，思想的深入和社会现实的促激，使高尔基与列宁为首的布尔什维克党人的联系越来越紧密并日趋实质化。他不时提供资金，支持他们的革命活动。10月，利用沙皇颁布宣言的机会，他协助创办了布尔什维克的第一份合法的大型报纸《新生活报》。报纸创刊后，列宁从国外归来，直接指导着出版工作。法国《人道报》称

《新生活报》是"列宁和高尔基的报纸"。

1905年11月27日，彼得堡。此时此地一个在高尔基生命历程中、在俄国历史上都具有重要纪念意义事件发生了：高尔基与列宁的第一次相见。此时高尔基已经成为了布尔什维克党的一员，党的中央委员会会议就在彼得堡他的住宅里举行。

12月2日，《新生活报》被查封。12月3日工人苏维埃260名代表被逮捕。12月7日，在布尔什维克的领导下，莫斯科工人举行政治总罢工，进而转为武装起义，参加者达15万人。工人们筑起街垒，抵抗沙皇军队的镇压，坚持战斗了九天。

在起义发生的第一天，高尔基就在两位被派来保护他的工人陪同下，赶到了莫斯科。他在莫斯科的寓所简直成了起义工人的一个战斗的据点。武装工人们运来一箱箱炸药和雷管，专家教工人们如何制造炸弹。

起义者给军队以重创，莫斯科卫戍部队的士兵们纷纷举行大会，拒绝向工人、向自己的父兄开枪。沙皇政府慌忙从彼得堡调来配备有重炮的部队向工人们轰击。高尔基在致友人的信中描写道："在尼古拉耶夫斯基车站前的广场上，尸体狼藉，那里有5门大炮和两挺机枪在射击……"最后，有多少伤亡"尚不清楚，然而看来是很多的。整个广场染遍了鲜血，消防队在

冲洗广场。"

面对具有重型装备的沙皇军队，工人的起义被血腥地镇压下去了。像在那个"流血星期日"之后一样，高尔基书写了传单：

> "无产阶级被打败了，革命被镇压了下去。"反动报刊幸灾乐祸地喊叫着。但是，它们高兴得太早了，无产阶级是不可战胜的，虽然它蒙受了损失。革命受新的希望的鼓舞而加强了，革命干部也大批增加……俄国的无产阶级正在向决定性的胜利迈进，因为它是在道德上最有力量的、自觉的、对俄罗斯未来充满了信心的惟一的阶级。我说的是真话，它将被忠诚的和公正的历史学家们所证实。

12月起义之后，布尔什维克领导人考虑到沙皇政府必定加害于高尔基，于是决定派他到国外旅行，一面宣传俄国的革命，一面为党募集资金。

← 高尔基故居

# 海 外流亡的岁月与艺术创作的高峰

> 只要一触到俄国土壤，我的手指就不
> 由得紧握成拳头，胸中总是不住地颤
> 动——由于憎恶，由于蔑视，由于预感到
> 不可避免的龌龊勾当……问题在于，我爱
> 俄国文学，我爱祖国，相信它的精神力量。
> 这是一种巨大的爱。
>
> ——高尔基

　　1906年2月，高尔基走向了欧洲和美国。也许当时无论是高尔基还是布尔什维克党人都没有想到，这一去，竟然长达七年之久。

　　一开始，高尔基国外旅行的使命意识就如此鲜明：热情为布尔什维克募捐而呼吁西方各国"不要给俄国政府钱!"他认为"当政府失去了人民的信任，但又不向人民让出自己的政权时，它就只成了一种政党了!"因此，他一再呼吁"连一文钱也不要给俄国政府!它与人民已经没有联系了，数百万人的心已经宣判了它的死刑"。

　　高尔基经过瑞典、德国、瑞士和法国，最后到达

高尔基与玛丽亚·安德烈耶娃

了美国。欧洲和美国都热情地接待了高尔基，一些著名的人士都出席了欢迎会，特别是他抵达美国之际，记者们纷纷乘坐快艇去迎接高尔基的客轮。但是过了不久，在俄国驻美大使馆的策划下，美国一些报纸开始从个人生活方面诋毁高尔基，抓住同高尔基结伴而来的女演员安德烈耶娃不是他的正式妻子而大作文章，致使高尔基名声大跌，以致各大旅馆都拒绝他们居住。他们被旅馆主人驱逐出来，在夜里流落街头，不得不到一个作家俱乐部栖身。

在美国期间，高尔基创作了一系列政论文章《在美国》。文章中，他以无产阶级代言人的姿态揭示了美国社会的资本主义本质，并对资产阶级文化进行了激

烈的批判。当然，最值得纪念的是高尔基在美国期间写下了著名的长篇小说《母亲》第一部。

由于高尔基在美国发表的一系列思想尖锐的言论和声称自己已属于布尔什维克党之后，返回祖国的大门已经向他关闭了。因为此时的俄国在"十二月武装起义"失败后，正处于革命的低潮期。1906年4月，《俄罗斯言论报》报道说，沙皇政府"通过驻美大使给马克西姆·高尔基送去了因进行革命宣传要他出庭受审的传票。高尔基如拒绝出庭，他将被认为是自动脱离俄国。自动脱离俄国的人在返回时必须永远迁往西伯利亚。"在这种形势下，高尔基不得不于1906年10月离开美国来到意大利，长住喀普里岛，正式开始了漫长的国外流亡生活。年底，他完成了长篇小说《母亲》的第二部。

《母亲》是20世纪初俄国工人革命运动的史诗，亦是世界无产阶级文学的典范作品。而对于当时俄国的读者来说，无疑是一份革命宣传书。其政治价值远远高于艺术价值。列宁称这是"一本非常及时的书。"

小说以真实事件为背景，描写了一个普通工人巴维尔·符拉索夫如何成长为一个无产阶级战士的过程，并且由此而塑造一位普通而伟大的无产阶级的母亲符拉索娃的光辉形象。

　　小说的开始部分所描写的是生活在贫困、劳累和疾病、酗酒中的一群落后工人的生活。"一个人这样活到50来岁——就死去了。"在这群人之中，以巴威尔的父亲米哈依尔·符拉索夫最为典型。他把对不合理的社会制度的仇恨转向了生活和自己的亲人。他酗酒、斗殴，然后便是打老婆来泄愤。在这种既摧残别人又摧残自己的非人生活中，他很快死去了。就是在这样一种环境中，巴威尔成长起来了，母亲也坚强起来了。

　　最初的巴威尔仍走着父亲的老路，他酗酒、闹事，出入于舞场，糊里糊涂地打发日子。然而他所生活的时代已与他父亲的时代有了明显不同，社会主义思想已广为传播，无产阶级的政党已经建立，无产阶级革命蓬勃兴起，经过与革命者的接触，巴威尔的思想和生活发生了变化。从而结束了俄国工人传统的人生之路，走上了一条崭新的斗争生活之路。

　　巴威尔认识到无产阶级革命事业是千百万人参加才能获胜，并且是为了改变千百万人生活和命运的伟大事业，于是他主动地把一些年轻人团结在自己身边，组成工人学习小组，以社会主义思想理论为武器同资本家展开斗争。我们看到，这种斗争不同于过去那种单纯个人行为或单纯经济行为的斗争，而是一种有目的、有组织、有思想的政治斗争。在发生工人们反对资本家克扣工资的"治地戈贝事件"时，巴威尔的小组迅速成为运动的中心力量，并欲把这场经济斗争引向政治斗争。他向工人们演讲革命的道理，从理论上启发他们觉悟："我们应该明白，除了我们自己，谁也不能帮助我们！人人为我，我为人人——如果我们要打败敌人，那就得把这当做我们的法律。"从中可以看出，巴威尔已初步具有了职业革命的素质，这是一株正在成长着的年轻的树，一定会长成为根深叶茂的参天大树。这次斗争虽然由于大多数工人还缺少必要的觉悟，巴威尔还缺少领导和组织工人运动的具体经验

← 高尔基

而失败了，但是已在工人群众的心中埋下了斗争的火种。斗争失败后，巴威尔被捕入狱，在狱中他痛苦地反思自己，促使自己尽快地成熟起来。

出狱后，他以新的姿态与方式更加热情地投入了工作之中，在他和同伴们的精心组织下，广大工人群众举行了声势浩大的"五一"示威游行。

"五一"游行之后，巴威尔再次被捕，但在他的思想和行为的感召之下，广大工人乃至农民都已经觉醒，纷纷起来投入斗争的行列。巴威尔在狱中思想进一步升华，他学习马克思主义书籍，增加了理论深度。在当局审判的法庭上，他将被告席作讲台，慷慨陈词，揭露沙皇政府的罪行，审判资本主义制度。

勿庸讳言，巴威尔这一形象所表现出来的思想力

→ 莫斯科瓦西里大教堂

量重于艺术力量，艺术的感染力还不很强，作为一种全新的艺术形象这些缺憾之所以都被人们容忍或忽略，其根本原因便在于这一形象的思想冲击力。

母亲尼洛夫娜是小说另外一主要人物。她最初出现在读者面前时，是俄罗斯千百万工人妻子中的普通一员，无论从外貌还是内心都十分衰老、疲惫，她不只是一名柔弱的女性，而且还是不幸和不平生活的牺牲品。以致她"走起路来没有一点声响，而且有点儿侧着，好像生怕撞上什么……"她在经济上无任何权利，精神上受宗教与传统思想的浸染，而且还经常遭到丈夫的毒打和折磨。即使是自己十分不称心的丈夫，最终也很快死去，她把全部希望寄托在了儿子巴威尔身上，然而最初的巴威尔又是那么令她失望，生活中"充满了朦胧的思虑和日益增长的担忧"，她几近绝望，追问上帝和圣灵，"人生究竟为什么艰难困苦?"然而，这些痛苦和疑问正是她后来接受革命道理、投身实际斗争的生活基础和思想基础。在儿子的影响下，她的思想渐渐发生了变化，对于革命由恐惧、怀疑、同情、支持到参加，最终由一个最柔弱的女性成为一个伟大的无产阶级的母亲。在儿子因"治地戈贝事件"被捕之后，她怀着对儿子的爱和对敌人的恨，使她走上了革命的道路，她接过儿子没有完成的工作，勇敢地去

→ 断头台

工厂散发传单。"五一"游行，她同儿子、工人们一起走在队伍中，当有人对此惊诧时，她深沉而又风趣地说："总得在死前同真理一起散散步。"她从群众的力量中，从情绪的感染中，进一步提高了思想觉悟。《国际歌》的旋律鼓舞着她，当儿子被抓走之后，她不顾军警的殴打，拿起被折断的旗杆继续前进，并宣讲革命的道理，号召大家勇敢地投入到斗争中来。到此时，尼洛夫娜已彻底改变了自己的身份和思想，成为一个无产阶级的战士了。

儿子再次被捕后，她完全忘记了自己的家事，成了一个职业革命者。她利用自己的有利条件，经常装扮成各种身份的社会女性而到处奔走，传递消息、散发书刊。最终，她在火车站运送传单时被捕。但她仍临危不惧，不顾敌人的毒打，仍坚持把传单扬到空中，送到群众之中。她呼号着"真理是用血的海洋也扑灭不了的！"站在我们面前的，已是一位高大的无产阶级战士了。

《母亲》由于其思想的尖端性和教育性，成为了名副其实的革命宣传品，起到了当时其它作品所起不到的重要作用。因此，在世界文学史上留下了应有的地位。这部作品在十月革命之后迅速传遍世界，对当时各国无产阶级的革命斗争产生了重要的积极影响，并且形成了一种新型的文学样式。鲁迅曾称《母亲》"不但在那时，还在现在。""尤其是在中国的现在和未来。"（《鲁迅全集》第7卷，第683页）随着时代的变化，人们的价值观念亦发生了些许的改变，但就历史与文学的关系而言，这部小说的积极作用仍是不可忽视的。

在意大利，高尔基一行人受到了热烈的欢迎，这使他深受感动。于是，他决定在这落脚，侨居在那不勒斯西南的喀普里岛。这一住，就长达7年。他对意大利发生了浓厚的兴趣和深厚的感情，他漫游各地，感慨万千。他曾这样说过："假如我不是一个俄国人，大概我就宁愿做一个意大利人。"意大利，成了高尔基

的又一故乡。

即使侨居国外，高尔基仍然和俄国、和列宁为首的布尔什维克有着紧密的联系。1907年，俄国社会民主工党第五次代表大会在伦敦召开，他作为有发言权的布尔什维克代表与会，他进一步被布尔维什克的主张亦被列宁的个人风采所吸引。这次大会，是他与列宁之间个人友谊的开始。

但是，高尔基与列宁在政治思想上一直是存在着差异或距离的。高尔基作为一个作家，有着较丰富的情感，而这些情感使他往往做出更近于一般伦理或思想的价值判断。尤其是在哲学观、宗教观上与列宁不一致，而更接近于波格丹诺夫和卢那察尔斯基等马赫主义观点。波格丹诺夫和卢那察斯基的才学和理论吸引了高尔基，高尔基与他们有着更多的共同语言。因此，很自然地与列宁发生了思想分歧。列宁来到高尔基所侨居的喀普里岛，在六天的时间中与波格丹诺夫等人论辩，但双方谁也未能说服谁。

1908年5月，高尔基出版了中篇小说《忏悔》，这篇小说的问世使他与列宁的思想分歧变得更加严重了。高尔基虽然在哲学观上不同于马赫主义者否认物质的第一性认识，认为现实世界只是"感觉的复合"的观点，但仍认为根据宗教神话创造新的史诗是可能的。

他强调人类意识的创造力，赞同卢那察尔斯基的"使人类最高潜力神话"的判断。在小说《忏悔》中，高尔基便表达了这种思想意识。

　　主人公马特威出身于贫苦农民家庭，从小饱尝人间辛酸，长大以后又连遭不幸。先是死了妻子，后又死了儿子。在这接二连三的打击下，马特威对人生绝望了，于是进了修道院。然而即使在这个人间净界中他看到的仍然是黑暗与罪恶。人间没有真理，人间没有上帝。经过生活的体验和自我反思，马特威最终领悟到："上帝不是在我们之外，而是在我们心中。"广大人民便是伟大的造神者，他们所创造的便是"美和理智、公正和爱之神。"从小说的思想意识中可以看到，高尔基试图对于人类的终极追求和人的精神世界

的实质进行探求和表达。他曾与卢那察尔斯基谈到过宗教信仰的问题，认为宗教作为对神的信仰会逐渐消亡，但宗教情感则将长期存在，它会把"人类与整个宇宙联系起来"。小说《忏悔》在一定意义上是高尔基这种思考的继续。

列宁对高尔基的哲学思想和小说《忏悔》做了尖锐的批评，特别是在高尔基成为波格丹诺夫等人在喀普里岛创办的高级党校的领导人之后，被列宁视为布尔什维克内部分裂派的最坚决分子之一。两人之间的通讯为此而中断了一年半。

1910年6月，列宁再次来到喀普里岛。在与高尔基的单独会面中，两人比较畅快地交流了思想，在许多问题上取得了一致。当高尔基向列宁谈到自己童年的经历时，列宁鼓励他说："老兄，您该把这些全写下来！这一切很有教育意义，很有教育意义。"高尔基答应了下来。此后，他积极参与了列宁创办的一些非法的和合法的报刊的工作，思想最终又重新与列宁接近。

人的思想是复杂而波动的，人的情感也是丰富而变化的。处于俄国革命低潮期的无产阶级运动领导内部也不时发生着些许变化。高尔基侨居国外，与俄国社会的联系相对减少，所以在思想和人生道路有某种波动或困惑亦势在难免并在情理之中的。而且，他的许多理论见解亦不能说是没有价值的，然而他能够以革命事业为重、以大局为重，在俄国革命的低潮期最终与列宁保持了一致。他始终是一个反抗暴政和集权、为无产阶级而呐喊的战士。

在意大利喀普里岛时期是高尔基创作的高峰期，他一生中全部创作的一半是在这里完成的。有小说《母亲》第二部，《夏天》《幻想家》《莫尔多姑娘》《奥古洛夫镇》《马特维·克日米亚金的一生》等；剧本有《最后一代》《瓦萨·日列兹诺娃》《怪人》《崔可夫一家》等；还有《意大利童话》和《俄罗斯童话》；传记体小说《童年》以及大量政论文章和文艺评论等。

他的《童年》记叙了自己的童年时代的艰难生活，

← 意大利喀普里岛

→意大利喀普里岛

他对于这种生活的回忆是伴随着对故国和故乡的思念而展示的。高尔基当时远离祖国，人过中年，空间与时间的间隔使得过去的生活变得更加清晰、更加沉重。这部作品由于内容的真切和艺术的自然而获得了国内外的好评。

由于高尔基的创作成就，当他流居国外的时候，他在俄罗斯人民心目中的声望反而更高了。这将要从他归国之后所受到广大民众的热烈欢迎所证明。

# 归 来的游子与十月革命

光明的、人道的生活必然复苏。

——高尔基

1913年3月，为了庆祝罗曼诺夫王朝300周年纪念日，沙皇颁布大赦令。列宁抓住这一时机，建议高尔基返回祖国，以便发挥自己更大的斗争威力。而彼得堡的工人们也在《真理报》上发表致高尔基的公开信，希望他能回到祖国和故乡，回到工人们的生活中汲取艺术的养料。

1913年12月，高尔基在肺病有所好转之后回到了祖国。一方面他受到俄罗斯人民的热烈欢迎，另一方面又受到沙皇当局的严密监视。由于病情恶化，高尔基躲开各种欢迎会，于1914年2月到离彼得堡不远的一个芬兰村子牟斯塔米亚金定居下来。

高尔基归国后最初一段时间内的主要工作是扶持文学新人和专心创作。马雅可夫斯基、伊凡诺夫、莫洛佐夫、鲍德亚恰夫、希施柯夫、特列涅夫等人都曾

受到过他的热心指导和支持。1914年，由他编辑了第一本俄罗斯无产阶级作家文集。在序中他明确指出，"当历史向全世界无产阶级叙述你们在反动统治的八年当中所经历和做到的事情的时候，工人阶级将会对你们的生命力、你们蓬勃的朝气，你们的英雄气概感到惊愕不已。"很明显，高尔基无论是从事创作还是扶植新人，都未仅把它作为一种艺术活动来看待的，艺术服务于目的，一种反抗专制统治、争取自由平等的政治目的。为了完成这一任务，高尔基一直没有脱离具体的实际斗争。

→高尔基和中学生在一起

　　高尔基归国期间，正是俄国巨变的前夕。用高尔基的话来说，那就是"俄罗斯的上空重新聚集着乌云，它预示着伟大的风暴和雷雨"。在彼得堡，他成为布尔什维克党机关报《真理报》的重要支持者。当这份报纸被沙皇当局查封、大批革命者被逮捕和流放时，连俄罗斯国民议会中的布尔什维克代表亦在其中。在这样一种高压气氛之下，高尔基深沉地告诉友人说："从来我还没有感觉到俄国生活如此需要我，并且很早已没有感到自己身上有这样的勃勃生气了。"

　　为扶植文学新生力量，高尔基主办了大型综合杂志《纪事》，领导了名为"帆"的出版社的工作，以此为阵地，与沙皇当局及其他资产阶级政治力量和文学派别展开了斗争。为了培养青少年的意志和情操，他还利用自己的威望与影响，请世界上一些著名作家和学者如罗曼·罗兰、威尔斯、季米里亚杰夫等人撰写一套世界名人传记，由"帆"出版社出版。用此来教育青年一代热爱科学和劳动。有的传记已经成为世界传记文学的名著，如罗曼·罗兰的《贝多芬传》等。

　　与此同时，高尔基继续创作他的自传体小说，1914年完成了三部曲的第二部《在人间》，1912年至1917年间，又完成了短篇小说集《俄罗斯浪游散记》。

　　与《童年》一样，《在人间》以他少年时期的生活

经历为素材，描绘了俄罗斯下层社会的整个风貌。这两部自传体小说都以谢辽沙为主人公，叙述了他艰辛困苦的成长过程。作为社会底层的小人物，谢辽沙家庭双亲不幸，留住外祖父家，后来又流落"人间"，他受过各种苦难，亦看过各种罪恶和悲剧。高尔基回忆往事，不是为了找回自己过去的影子，不是为了舔自己的伤口，而是为了启示众人；不是为了回顾历史，而是为了改变现实。在人们普遍感到生活不如意的年代里，高尔基的《童年》和《在人间》具有特别真切的思想启迪和生活反思作用。

《童年》和《在人间》中也写了生活中美好的、令人怀念的内容。例如：小说中外祖母便是一个充满人情味儿和丰富文化内涵的动人形象。在生活中，她是一个不幸但很刚强的女性；在情感世界中，她又是俄罗斯民间文学的传播者。她感情细腻，性格温柔，给谢辽沙以丰富的精神食粮。也许正是由于她的存在，才使主人公在那样艰辛和丑恶的生活环境里仍然成为一个正直善良、热爱生活的人。这一形象被人称之为"俄国真正的外祖母！"

高尔基的自传体小说说到底是对人生、对俄罗斯民族与文化的自我评价，并且具有人类的普遍意义。

《俄罗斯浪游散记》包括29个短篇小说，也都具

有自传性，是青年高尔基生活的经历和见闻的记录。
作品的叙述角度都是一个主观化的"我"，所见所闻和
所感都具有亲切感，同时，作品启示人们如何去认识
历史与现实。

如果说此时高尔基在艺术创作中重在探求一般人
生和社会问题，那么他在此时所发表的一些政论文章
中却是对现实政治的直接表态。当第一次世界大战在
资本主义世界爆发，高尔基发表宣言，反对这场不义
的战争，反对把人民拖入战争灾难之中。他在反战宣
言上签名，并计划出版一套反战丛书以启示人们。

从上面的活动中我们看到，高尔基既是一位文学
家同时又是一位思想家和战士。他不仅是在为俄罗斯
的新生而战，而且是在为人类的未来而战。

1917年2月，俄国资产阶级革命推翻了沙皇专制

政权，成立了临时政府，人称"二月革命"。"二月革命"在政治上的意义是功不可没的，它使俄罗斯传统腐朽力量失去了政治的保护，使封建阶级成了历史的遗物。然而，由于种种原因，这一革命并不彻底。与此同时，与临时政府并存的是代表工农专政的工人和士兵苏维埃。

当1917年4月列宁从国外归来提出"一切政权归苏维埃"的政治口号，意欲将资产阶级革命转变为无产阶级革命时，高尔基与列宁的思想和政治主张又发生了分歧。而且这一次要比上一次来得深刻和强烈得多。

说到底，高尔基作为一个知识分子，从政治的敏感性和激烈性上看，都不属于社会中的最尖端部分。用列宁的话说，就是"高尔基在政治上始终是最没有主见而且是感情用事的。"（《列宁全集》第35卷，第

→高尔基看下棋

220 页。）这种情形到了"十月革命"时期变得愈加突出了。

列宁领导工人和水兵以武装暴动的形式推翻资产阶级临时政府，建立了苏维埃政权。但是，人们对于十月革命和苏维埃政权的认识并不一致，特别是由于苏维埃政权在特殊的时期里的一些特殊举措遭到了大多数知识分子和农民的反对。1917 年 12 月，在列宁的提议下建立了"契卡"（全称为"全俄肃清反革命和怠工者非常委员会"），它可以不经法庭判决，逮捕和处决嫌疑者。"二月革命"给一贯主张建立"共和国"召开立宪会议的俄国人民带来了希望，布尔什维克党更是这一主张的最积极支持者。临时政府在人民的压力下，许诺在 1917 年 9 月 30 日进行选举，但在紧迫的政治形势下这一措施被拖延。十月革命之后，召开立宪会议的主张在广大民众中更加强烈，而革命政权认为此时召开立宪会议已没有意义，但在广大民众的强烈要求下，仍决定在 12 月召开立宪会议。经过公民选举，社会革命党和孟什维克得票率为 62%，而布尔什维克仅获 25%。在选举出的 715 名立宪会议代表中，前者占 412 名，后者仅占 183 名，布尔什维克失去了对会议的控制。在这种情况下，反布尔什维克一方提出"全部政权归立宪会议"的主张并举行游行，遭到严厉

镇压，立宪民主党领导人被逮捕。1918年1月18日，被拖延了的立宪会议召开，一系列革命法令、宣言未被通过，布尔什维克议会党团退出会议。之后，会议卫队以"守卫队疲乏了，必须结束"为名结束了会议。次日，苏维埃政权宣布解散立宪会议，认为它同实现社会主义的任务完全不相容。

高尔基在与沙皇政权进行斗争的几十年里，与广大的知识分子结成了广泛的统一战线和深厚的友谊。他的政治理想与大多数知识分子一样是建立一种民主自由的"共和国"，反对暴力行为，他抗议革命政权关押前政府的部长们，指责人们对宫廷财产的掠夺和对文化珍品的破坏。他认为这是一种"普遍野蛮化"行为，而"革命的首要任务是创造能够促使国家的文化力量发展的各种条件。"革命前后，他把自己的这些观点写成系列文章，发表在孟尔什维克所控制的《新生活报》上。针对高尔基等人的观点，列宁写了《预言》一文，认为革命"必须有铁的手腕"，革命"必然要经过一个长久的痛苦的分娩期的。"

可以看出，高尔基与列宁之间毕竟有着身份、职业和气质的差异。作为一个政治家，列宁关注的是人民群众和革命力量对一切旧的、不适合于自己政权建设的事物进行荡涤，政治就需要暴力而它本身亦即是暴力，这是政治的逻辑；而高尔基则是一个文学家，一个广义的诗人和知识分子。他所关注的是人性的完美和生活的诗意，他希望一切人都能享有一份阳光和空气，即使革命也应是理性的乃至温情的。列宁与高尔基的思想分歧即在于二者使用了不同的价值尺度，前者是政治的，其价值取向是需要、利害，后者是伦理的，其价值尺度是善恶、美丑。由于高尔基的人生道路和思想道路所决定，我们相信，不久他还是会与列宁同道的。

1918年8月30日，列宁遭到女社会革命党人卡普兰的刺杀，高尔基对于这些自己曾十分同情和支持的自由派的卑劣行为感到十分震惊。这一事件促使他对于自己的思想路线进了反思，他利用探病的机会与列宁重新建立了直接的联系，并诚恳地接受了列宁的批

←高尔基和斯大林在列宁墓前

评，他自称是"迷路人"。虽说由于当时国内外的严峻形势使高尔基的思想情绪还不乏惆怅，但基本立脚点已经移到新生政权一边来了。当这一政权受到国外敌对势力围攻时，高尔基亦投入了这一救危运动之中。他对新生政权的支持是保护和援救知识分子。

在混乱和饥荒之中，俄国知识分子不仅精神上极度苦闷，而且生存亦受到严重威胁。知识分子的平均寿命远比一般人要低得多，仅1919年俄罗斯科学院的院士便死亡50人，另有多人失踪。高尔基到处呼吁、写文章，要求保护知识分子，1920年在他的倡议下成立了"改善学者生活委员会"，他担任了主席。从高尔基的一贯创作主题和思想路线来看，他的精神世界是不能简单地使用"无产阶级伟大文学家"来概括的，他是"人"的歌者，他有着超越于意识形态之上的人道主义思想，他属于俄罗斯民族和整个人类。而他在实际工作中所做的一切，又无不是为了巩固新生政权并使之健康发展的。虽然他有过思想的迷失，但他对新生政权的批评本身即是对它的最大支持。

过度的劳累和精神的苦闷使高尔基的病情又开始恶化，并不断喀血。在列宁的嗔怨和恳请下，1921年11月他又一次离开了他那多灾多难而充满生命力的祖国，一走又是7年。

# 新生活的歌者

> 新的俄罗斯人、新国家的建设者，就是我的喜悦和骄傲。
>
> 你要知道，并且要相信，你是地球上最有用的人。当你在做着你的小事情的时候，你已开始建设真正的新的世界了。
>
> ——高尔基

高尔基本打算在国外停留半年，但一是因病情限制，二是想静下心来继续创作，所以经过一段治疗之后，他又长居意大利。在这段时间里，他迎来了自己创作的又一个高峰期，共完成了七部作品。其中最有名的应是自传体小说三部曲的最后一部《我的大学》、《回忆录》和长篇小说《阿尔达莫诺夫一家的事业》。

《我的大学》展示的是比前两部更为广阔的生活画面，具体描述了他青年时代在喀山等地的复杂生活。也许是有感于前一阶段的迷乱生活，高尔基一旦回忆起自己过去的时光时，其笔下便充满了一种深沉的情氛。小说主人公在走向社会的人生旅途中，思想日趋

成熟，他的经历与境遇对青少年读者有着越来越重要
的启示作用。因此，作品一经问世便引起国内外的重
视。有的作家认为，这部作品"是俄罗斯文化中的重
要成果，我国的青年都应该学习这本书。"罗曼·罗
兰、茨威格等世界著名作家亦盛赞这一著作。高尔基
不仅用自己的具体人生实践来体验人生，而且有意识
地把这一体验昭示给读者，产生了一种人生楷模的重
要社会效果。

　　《回忆录》是关于高尔基与著名文学家、社会活
动家等著名人物交往过程的记录，其中，关于列宁的
回忆录是最为珍贵而动人的。

　　1924年列宁逝世，在异国听到这一噩耗的高尔基

内心的震撼可想而知。他自述道："列宁的逝世对于我个人来说是个沉重的打击。"列宁在最后的几天里还在听高尔基的《我的大学》的朗诵，当高尔基得知这些时心情无比激动。他在致友人的信中谈到自己写列宁回忆录时的情景："我一边写，一边泪流满面。当年我写关于托尔斯泰的回忆录时，也没有这样悲痛过。"毫无疑问，列宁对于高尔基来说，不仅是一位指导者，而且更是一位坦诚相见的净友。他在写列宁，实质上也是在坦露自己。面对英灵，他不能不更深切地反思自己，这种品质不失为一种伟人的风范。

《阿尔达莫诺夫一家的事业》是高尔基早年向列宁表露过想要写作的一部小说。小说的历史空间很广阔，描述了俄国农奴制改革以后资产阶级的发达和衰亡过程，最后以十月革命而告终。小说主人公工厂厂主阿尔达莫诺夫一家三代的创业史，既是俄国社会的发展史又是俄国工人的血泪史。作品着重写出了资产阶级的主人们如何精明强干而又咄咄逼人地盘剥和掠夺弱者。最终，他们意图维持300年的家业在十月革命的炮声中土崩瓦解，他们走到了"末日"。而从另一个方面，作品又写出了工人阶级的新生，称他们为创造历史的真正主人。

在高尔基以文学创作反思俄国和自己的历史时，

新生的苏联则在无产阶级政权强有力的领导下，创造了一系列前所未有成绩。

在特殊的时期，苏联实行了严厉的"战时共产主义"政策，打退了国内外敌对力量的进攻，经过短暂的经济衰退和政治的混乱，各方面都迅速复兴，大多数经济指标已接近乃至超过革命前，特别是文化教育事业发展尤为迅猛，识字人数、学校数量、报刊数量等均大大超过革命以前。

俄罗斯人民的优秀儿子、苏联的伟大作家高尔基身居异国，但时时关注着祖国的事业，他通过信件、作品和来访人员与国内保持着密切的联系，并发表一系列文章为捍卫新生的祖国。特别是他对于苏联文学的成长投入了最大的精力，帮助文学新人与新生的祖国一同成长。

1928年的春天来到了，与春天一起到来的是高尔基将要回国的消息。

归来的作家对于自己记忆中的祖国几乎认辨不出来了，一切都焕然一新，他到处旅行，去参加各种活动和参观学校、工厂、农庄。这又是一次"俄罗斯漫游"，写下了特写集《苏联游记》。他为了能真实、亲近地了解苏联社会和人民，甚至贴上了假胡须，压低帽子去市场、茶馆与普通民众交谈，而交谈的结果令

他欣喜万分。

安顿下来之后，高尔基参与了一系列文化活动。他组织创办了大型特写杂志《我们的成就》，另有其它刊物《在国外》《文学学习》《苏联在建设中》等。最多时他共编辑刊物达十三种之多。

高尔基回到面貌一新的苏联之后，由于时间、空间上的间隔，使他在思想上不可避免地与现实社会存在着一定的差距。作为一个从一开始就想为无产阶级事业而奋斗的作家，高尔基在30年代便时时地督促自己，使自己跟上时代的步伐。继列宁之后，斯大林成了苏联的最高领导人，他比列宁更加强调作家的政治意识的作用，督促知识分子改造思想，消磨个性。斯大林也比列宁更加具体和严格地对文艺创作做出指示，强调文艺的政治功能。1930年1月17日，斯大林在致

高尔基的信中说："现在主要的是：在青年中间起领导作用的不是垂头丧气的人，而是我们的战斗的青年团员——摧毁资本主义的布尔什维克，建设社会主义的布尔什维克，解放一切被压迫者的被奴役者的布尔什维克的人数众多的一代核心。这就是我们的力量。这就是我们胜利的保证。"在要求作家们应该歌颂什么之后，斯大林又进一步提出应该批判什么："资产阶级和平主义的小说。"高尔基作为一个知识分子，人道主义、个性主义思想相对浓重一些，他反对暴力和战争，因为任何战争对于人类和文明都是一种破坏，这一点在今天已得到越来越多的人的共识，但在阶级和民族对垒极为尖锐的时代，这确实是一种不被多数人理解的思想主张。特别是作为最高领导人的政治家斯大林，对于这一思想的否定和反感就更可以理解了。斯大林说："至于描写战争的小说，必须严加选择以后再出版。"在斯大林的指示影响下，高尔基自我批评，提出了"敌人不投降就叫他灭亡"的著名口号。从中可以看出政治逻辑在高尔基思想中的运行。

1932年4月，在苏共中央的直接干预下，苏联文艺组织改组，高尔基被任命为改组后的苏联作家协会主席。从此，高尔基由作家们的精神领导人而进一步成为了实际的组织性的领导人。他处处以苏联党和国

家的代言人身份出现在国内外舞台上，他的斗争目标
由原来的沙皇专制和非人道而转向西方社会。他出席
国内和国际各种会议，参与和领导文艺界对某些异端
思想的批判。鉴于高尔基的出色工作和巨大贡献，
1932年，在庆祝其文学活动40周年大会上，苏联政府
授予他列宁勋章，并建立了以他的名字命名的世界文
学研究所，莫斯科艺术剧院等更名为高尔基艺术剧院，

← 高尔基

他的故乡下诺夫戈罗德改名为高尔基市。

在繁忙的领导工作和社会活动之余，高尔基在 30 年代创作了剧本《索莫夫和别的人》（1931 年）、《耶戈尔·布雷乔夫和别的人》（1932 年）、《陀斯契加耶夫和别的人》（1933 年）；长篇小说《克里姆·萨姆金的一生》（1936 年）。十分自然，高尔基的这些晚年作品较早期作品具有更加浓重的政治意识，特别是在前几个剧作中甚至不乏说教，但作品的成功至今也是不应怀疑的。

《克里姆·萨姆金的一生》原计划包括四部。第一部完成于留居意大利的 1926 年至 1927 年，1928 年完成第二部，归国后他断断续续地完成了第三部，但第四部直至他去世仍未能完成。

小说内容包括了从 19 世纪 70 年代直至 1917 年这一俄罗斯社会最为动荡复杂的历史阶段的主要事件，特别注重描写了俄国知识分子的政治思想发展的历史过程及其差异。以克里姆·萨姆金为代表的个人主义者和以斯捷潘·库图佐夫为代表的革命者象征性表明了俄国社会哲学、美学和政治学意义的分歧与差异。小说的容量较大，构思宏阔，政治的逻辑和生活的逻辑比较令人信服地结合在一起，从中看出高尔基仍不失艺术大师的功力。

# 巨 星陨落丰碑长存

> 啊，勇敢的鹰！……在勇敢、坚强的人的歌声中，你永远是一个活的榜样，一个追求自由、追求光明的骄傲的号召！
>
> ——高尔基

20世纪30年代，与繁忙、热闹的工作、活动相比，高尔基的心态并不总是很昂扬、欢快的。这里既有他个人生活的不幸，又有他思想与环境的不十分和谐。

30年代，苏联领导人对国家政治形势和知识分子思想状况做了错误的估计，展开了一场令人触目惊心的"肃反"运动。许多知识分子被随意地关押、处决，一时间人心浮动、人人自危。高尔基利用自己的地位和影响尽力地挽救和保护那些他昔日的朋友和战友，保护那些无辜的受害者。但是，这一切又使他陷入一种尴尬境地：知识分子们对他怀有戒心，而当局亦对他不很信任。高尔基晚年与斯大林的关系已没有了当年与列宁那种坦诚相见的诤友关系，而是越来越属于王侯与幕僚的关系。高尔基愈到后来愈无能为力了，

眼睁睁地看着自己的朋友一个个地被逮捕、处决和失踪，他的内心受到了极大的伤害。

1934年5月，高尔基的家庭生活又遭到不幸，他的儿子突然得病死去，这又给他以致命的打击，他悲痛万分。在写给罗曼·罗兰的信中倾述道："儿子的死对于我确实是一个沉重的打击。……他临死之前挣扎的情景，至今历历在目，仿佛我昨天才看见似的……"

应该说，这种内外艰难而不幸的处境并没有使他失去对人生和工作的热情，因为他是经历过"童年"、"人间"和社会"大学"磨练、经过沙皇牢狱、审讯和监视的马克西姆·彼什科夫·高尔基，是与乌云和雷电搏击过的雄鹰和海燕!他不计较前嫌和个人的得失，仍然忘我地投入为苏联而战的工作之中。1934年8月，他主持召开了俄罗斯有史以来文艺界最大规模的盛会——全苏第一次作家代表大会，五十多个民族、近六百名代表参加。大会之后，他又作为连任的作协主席开始了无休止的工作。

环境、工作、心境使他的健康受到极大的伤害。从他逝世前的一二年开始，他已预感到留给自己的时间不多了。于是他"在发疯似地写作"。1936年3月22日他在给罗曼·罗兰的信中写道："我的工作很多，几乎什么也来不及做，我疲倦得要命。……可我担心的只有一件事：就是在我没写完长篇小说之前，心脏停止跳动。"伟人的伟大多来自于勤奋，高尔基的勤奋不只表现为一种工作热情，其实更多的是他对人生的一种热爱，对俄罗斯的热爱。文学大师的生命终点越来越近了。

1936年6月初，高尔基因患重感冒而使他原有的肺病和心脏病急剧恶化。从6月6日开始，《真理报》等报刊开始发布有关高尔基病情的公报，引起了苏联人民的深切关注。12天之后，即1936年6月18日，高尔基的心脏停止了跳动。20世纪世界文坛的一颗巨星陨落了。6月20日，在莫斯科红场为高尔基举行了隆重的追悼会，他的骨灰被安放在克里姆林宫的墙内，他的精神被留在了俄罗斯人民的心里。

← 高尔基的铜面膜

高尔基的逝世带来了俄罗斯人民和世界人民对他的最终评价。苏联人民教育委员卢那察尔斯基说："通过高尔基，无产阶级首次在艺术上意识到自己。"在世界无产阶级文学史上，高尔基是伟大的奠基者，他的作品不仅仅是一种艺术品，更是一种战斗的有力武器。高尔基不仅是伟大的艺术家，更是伟大的战士。他来自俄罗斯社会的底层，与广大民众同呼吸共命运；他为他们而创作而战斗。同时，他又是人类良心的代表，反专制、反暴政，关注人性的完善与人类的命运。虽然在他漫长的生命旅程中不无痛苦、彷徨，但最终他仍是执着向前、关注社会的。这本身就是一种人生的示范。

中国读者对于高尔基是熟悉而敬仰的，早在1907年，他的作品便被介绍到中国来，"五四"之后，由于中国社会现实的需要，中国翻译了大量的高尔基的作品，鲁迅、胡适、瞿秋白、刘半农、周瘦鹃、巴金、夏衍等著名作家、学者都曾译介过高尔基的作品。中国人民对高尔基作品的喜爱一方面出自于反抗社会现实的需要，因为高尔基的作品是批判的武器；另一方面是来自于高尔基本人对中国的关注。早在辛亥革命时期，他便致信孙中山，称"我们在精神上是弟兄，在志向上是同志。""九一八"事变后，他又发表文章，

呼吁援助中国；1931年"左联五烈士"遇难，高尔基又在世界著名作家的抗议书上第一个签名。中国红军取得胜利后，他又发文祝贺……高尔基不仅属于俄罗斯，也属于世界，属于整个人类！

丰碑永屹，精神长存。

## 相关链接

*XIANGGUAN LIANJIE*

### 高尔基名言警句

如果你在任何时候，任何地方，你一生中留给人们的都是些美好的东西——鲜花，思想，以及对你的非常美好的回忆——那你的生活将会轻松而愉快。那时你就会感到所有的人都需要你，这种感觉使你成为一个心灵丰富的人。你要知道，给永远比拿愉快。

不要慨叹生活的痛苦！——慨叹是弱者。

不知道明天要干什么事的人是不幸的人。

我扑在书籍上，就像饥饿的人扑在面包上。

人的天赋就象火花，它既可以熄灭，也可以燃烧起来。而逼使它燃烧成熊熊大火的方法只有一个，就是劳动，再劳动。

懒于思索，不愿意钻研和深入理解，自满或满足于微不足道的知识，都是智力贫乏的原因。这种贫乏通常用一个词来称呼，这就是"愚蠢"。

理智要比心灵为高，思想要比感情可靠。

一切出色的东西都是朴素的，它们之令人倾倒，正是由于自己的富有智慧的朴素。

每个人都知道，把语言化为行动，比把行动化为语言困难得多。

你要记住，永远要愉快地多给别人，少从别人那里拿取。